통합교육적 관점에서 본 독일연방공화국의 주별 「학교법」상 교육목적

김 기 홍

집문당

통합교육적 관점에서 본
독일연방공화국의 주별 「학교법」상 교육목적

2015년 8월 20일 1판 1쇄

저 자 | 김기흥
발행인 | 임동규
발행처 | **집문당**
등 록 | 1971. 3. 23. 제300-2012-69호
영업부 | 10881 경기도 파주시 광인사길 85
(02)743-3192~3 팩스(02)742-4657
전자우편 | sale@jipmoon.co.kr
편집부 | 03134 서울시 종로구 돈화문로 82
(02)743-3096~7 팩스(02)743-0227
전자우편 | edit@jipmoon.co.kr
홈페이지 | www.jipmoon.co.kr

편 집 | 이현정
디자인 | 임용우

ISBN 978-89-303-1696-5

가격 10,000원

이 도서의 국립중앙도서관 출판시도서목록(CIP)은 e-CIP홈페이지(http://www.nl.go.kr/ecip)와 국가자료공동목록시스템(http://www.nl.go.kr/kolisnet)에서 이용하실 수 있습니다.
(CIP제어번호: CIP2015021389)

머리말

인간이 다른 동물과 근본적으로 구별되는 다양한 특징으로는 윤리적, 경제적, 예술적 혹은 종교적 본성을 가진 것이다. 그러나 무엇보다도 인간의 본질적 의미 가운데 한 가지는 교육을 필요로 하는 유일무이한 존재라는 점이다. 이와 관련하여 칸트(Kant, 1724~1804)는 "인간은 교육을 필요로 하는 유일한 존재이며, 인간은 교육적 산물 이외에 아무 것도 아니다"라며 인간과 교육의 불가분의 관계성을 피력하였다.

교육은 일정한 가치를 바탕으로 의도적으로 도달하고자 하는 인간행동의 이상적(理想的)인 변화나 분명한 도달점을 지향하고 있다. 이처럼 교육목적은 교육적 활동을 통하여 인간이 궁극적으로 추구하는 이상적 가치를 내포하기 때문에 사전에 달성하고자 하는 목적이 무엇인지를 인지하고 정립하는 일은 무엇보다도 기초적이고 중요한 일이다. 다시 말하자면, 교육목적은 교육적 실천에 방향성을 부여하고 교육의 내용, 교육방법 및 교육성과의 평가기준 등으로서 매우 의미 있는 기능을 하는 것이다.

아울러 교육목적은 각 시대 및 문화적 특성 혹은 다양한 학문적인 입장에 따라서 개인적 혹은 사회적, 내재적 혹은 외재적 목적 등 매우 다양하게 제시될 수 있다. 그럼에도 불구하고 기본적으로 인간의 성장 가능성을 가치 있고 의미 있는 방향으로 최대한 계발하여 개인적으로나 사회적으로 성숙한 인간으로 성장하도록 조력하는 일이 교육의 본질적인 목적 혹은 기능이라고 보는 바이다. 일반교육뿐만 아니라 특수교육의 역사를 통하여 이미 살펴볼 수 있는 바와 같이 교육의 본질 혹은 참 목적을 외면한 채 부차적인 목적을 위한 수단적, 도구적 용도로 교육활동이 오용될 때 부정적이고 위험한 결과를 초래할 수밖에 없을 것이다.

또한 교육목적의 설정에 학문적인 측면뿐만 아니라, 모든 교육정책과 교육 현장에서 교육적 실천의 구속력 있는 근간인 관련 법령의 명문화는 또 다른 중요한 의미를 가진다. 코페르니쿠스적 교육 패러다임의 전환기인 오늘날 국내외로 확대되고 있는 통합교육의 시대를 맞이하여 장애인들이 역사적으로 오랫동안 지속된 분리교육에서 벗어나 과거와는 다른 차원의 교육철학과 교육이념을 요구하는 즈음에 (학교)교육의 목적과 관련된 학교법(School Act, 學校法)의 법령들을 살펴보는 일은 매우 의미 있다. 본 연구에서는 특히 역사적으로 반인륜적이고 비교육적인 교육목적의 설정과 교육정책의 실현을 통하여 비극적인 결과를 국가적으로 경험했던 독일의 각 주(州)별 학교법을 중심으로 (학교)교육의 목적과 관련된 법령들을 살펴보고 이를 통하여 통합교육적 의미와 그 시사점들을 알아보고자 한다.

끝으로 이 책이 출판되도록 기회를 허락해 주시고 많은 수고를 해 주신 집문당출판사의 임동규 대표님과 관계인 여러분께 감사의 마음을 전해 드린다.

2015년 7월

저자 김 기 흥

차　례

Ⅰ. 서　론

Ⅱ. (학교)교육의 목적에 대한 기초적 이해

VI. 독일의 주별 교육법상 학교 교육목적의 통합교육적 관점에서의 시사점

표 차례

Ⅰ. 서 론

Ⅰ. 서 론

1. 연구의 필요성과 목적

이스라엘 출신의 초등학교 교사이자 아동심리학자 및 심리치료사였던 지노트(H. Ginott, 1922～1973)의 저서인 『교사와 아동(Teacher and child)』의 마지막 부분에서 다음과 같은 글을 볼 수 있다.

> 사랑하는 선생님,
>
> 나는 나치의 강제 수용소에서 살아남은 사람입니다.
> 나는 아무도 보지 말았어야 할 것을 보았습니다.
>
> 숙련된 기술자들에 의해서 건설된 가스실.
> 교육받은 의사들에 의하여 독살된 아이들.
> 훈련된 간호사들에 의해서 살해된 유아들.
> 대학을 졸업한 사람들에 의해서 총살되고 불태워진 여성들과 아기들.
>
> 그래서 나는 교육을 불신합니다.
>
> 나의 요청은 선생님들이 학생들을 인간이 되도록 도와 주라는 것입니다.

선생님들의 노력(노고)이 결단코 숙달된 괴물이나, 숙련된 정신병자, 대학 교육을 받은 아이히만(A. Eichmann, 1906~1962, 나치의 전범)으로 이어지면 안 된다는 것입니다.

읽고, 쓰고, 셈하는 것은
그것이 우리의 학생들을 더 인간으로 만드는 데 소용될 때에만
비로소 중요한 의미가 있는 것입니다(Ginott, 1972).

이는 역사적으로 특히 암울했던 독일 나치 시대(1933~1945)의 교육정책에서 뿐만 아니라 다원화 혹은 정보화 시대라고 일컫는 오늘날까지도 '인간이란 무엇인가?'라는 본질적인 문제를 비롯하여 '인간은 왜 교육을 받아야 하는가?' 혹은 '인간이 교육을 통하여 궁극적으로 어떤 인간상(人間像)을 추구하는가?'라는 질문 등 교육의 근본적인 목적에 대하여 깊이 생각해 볼 수 있는 중요한 계기를 제공한다.

일반적으로 인간이 행하는 모든 의식적인 행동은 반드시 일정한 이상과 가치를 내포한 목적을 지향한다. 가정, 학교 혹은 사회에서 이루어지는 일련의 교육활동에서도 마땅히 피교육자들로 하여금 추구하고 실현하고자 하는 분명한 목적이 있기 마련이다. 사실 교육의 목적에 관한 논의는 주로 교육철학(philosophy of education)적 관점에서 다루는 주요 연구 과제 중 하나에 속한다. 다시 말하자면, 교육철학은 교육의 개념을 비롯하여 교육목적, 교육과정, 교육의 조직 혹은 교육정책 등에 대하여 철학적 방법으로 접근하여 정의, 비판하고 분석하며 가치판단의 준거 등을 탐색하는

학문 영역이라 할 수 있다(박진규 외, 1999; 손인수, 1996).

교육은 인간의 의도적인 활동임과 동시에 지향하는 기대가치가 분명한 행위이므로 그 목적을 확고하게 설정하는 일은 가장 기초적이고도 대단히 중요한 과정이다. 교육의 목적은 교육적 실천에서 이상적인 인간상의 설정을 비롯하여 교육적 방향을 제시하고 교육의 내용 및 방법과 더불어 교육적 효과의 평가 기준으로서 교육의 본질을 밝히는 매우 중요한 기능을 한다. 교육목적이란 교육적 활동을 통하여 달성하고자하는 인간행동의 가치 있는 변화나 도달점이며 이를 위한 기본적이고 의도적인 방향임과 동시에 원칙이다. 따라서 교육목적은 모든 교육활동의 적용 및 실천에 앞서서 정립되어야 할 가장 근본적인 선행 조건에 해당하는 것이다(임창재, 1997).

아울러 교육목적의 설정에서 '올바른 인간' 또는 사회적으로 추구하는 '이상적인 인간상'을 지향하는 것은 역사적으로 시공간을 초월하여 공통적으로 나타나는 특성이다. 그럼에도 불구하고 각 나라와 문화 및 사회적 규범이나 가치 등의 요인에 따라서 상대적이고 가변적인 형태를 보인다(권동택 외, 2014).

이처럼 교육목적은 교육적 활동과 실천 전에 명확히 전제되고 정립되어야 할 교육의 방향과 최종적인 도달점이라는 의미를 가진다. 또한 교육목적을 설정함에 있어서 사회적 혹은 시대적으로 지향하는 다양한 '이상적인 인간상'에 대한 규정이 핵심적인 요소 가운데 하나이며, 이에 따라서 교육이 추구하고자 하는 목적도 각각 다르게 정해질 것이다. 더 나아가서 각 사회가 추구하는 이상적 인간상을 제시하는 과정에서는 '인간이란 무엇인가?' 또는

'인간을 어떻게 보는가?'라는 인간의 본질이나 인간 존재에 대한 이해, 즉 인간관이 매우 결정적 요인으로 작용한다는 것이다. 이러한 사회적인 인간관은 일반교육에서 뿐만 아니라 장애인 교육 분야에서도 교육목적의 설정이나 또는 교육정책 수립에 지대한 영향을 끼친다.

특히 장애인 교육의 역사적 흐름에서 그들에 대한 사회적 인식과 태도는 시대적으로 다양한 유형으로 나타났음을 알 수 있다. 우선 고대 그리스와 로마에서는 리쿠르구스(Lycurgus)법, 솔론(Solon)법 및 12동판법(十二銅版法) 등 다양한 법령을 제정하여 병약하거나 장애를 가진 사람들은 생존권마저도 박탈되어 유기, 살해 등 멸절의 대상으로 보았다. 이어서 엄격한 계급사회였던 중세 시대에 장애인들은 비록 기독교 교리를 기초로 자선과 보호의 수혜자였지만 교육권으로부터는 거의 배제되었으며 사회적으로는 하위계층에 속하여 대부분 의존적인 삶을 살 수밖에 없었다. 이어서 근대 시대의 도래와 함께 사회는 장애인들을 점진적으로 공교육(公敎育) 제도권에 포함했지만 그들이 가진 특수성을 지나치게 강조한 나머지 대부분 격리된 시설에서 분리교육을 실시하였다(김기홍, 2014).

그러나 1960년대 이후에 유럽에서 시작된 정상화(Normalization)와 탈수용시설화(Deinstitutionalization) 등의 사회운동은 장애인이나 그들에 대한 교육적 시각에도 본질적으로 코페르니쿠스(Copernicus)적인 사고의 대전환을 가져오기 시작했다. 이러한 사상은 학교교육에도 큰 영향을 끼쳐 장애 학생들이 분리된 시설에서 교육을 받는 학교교육정책에 거센 비판이 일어나기 시작하여 오늘날까지

국제적으로 교육 분야에서 뿐만 아니라, 사회적인 모든 영역에 이르기까지 점차 확산되고 있다(Haessler, 2011; Schlegel, 1994; Fronefeld, 2000; Schnell, 2003).

특히 독일은 종교개혁이나 계몽주의 사상 등을 바탕으로 교육학, 의학 및 자연과학 등의 사상적 변화와 학문적 발전을 통하여 장애인에 대한 인식의 변화로 다른 유럽 국가들에 비하여 치료와 교육 활동이 일찍이 시작되었다. 그러나 20세기 초기에 이르러 유럽은 세계적인 경제공황과 더불어 지금까지 지속적인 발전을 보였던 장애인 교육 및 복지에 대하여 무용론과 비관론이 대두되었다. 더구다나 독일은 독재자 히틀러(Hitler, 1889~1945)의 집권으로 말미암아 '사회적 다윈주의(social darwinism)'라는 정치 이념을 배경으로 수많은 장애인들은 '살 가치가 없는 목숨'으로 간주되어 강제적인 안락사와 불임시술의 희생물이 되었다. 그 당시 제2차 세계대전을 준비했던 독일의 민족사회주의독일노동자당(Nationalsozialistische Deutsche Arbeiterpartei: NSDAP)은 사회적으로 지향하는 이상적인 인간상을 고대 시대의 스파르타와 동일한 '군인상(軍人像)'으로 정하였다. 또한 고대사회에서와 같이 '차세대 유전성 질병 예방법', '혼인보호법', '독일국민 우생보호법' 혹은 '기형아 및 정신박약아동 의무신고제' 등 다양한 법령을 제정하여 이른바 '합법적'으로 장애인들을 무참하게 학살하는 등 '제2의 멸절기'를 맞이하였다(김기홍, 2014; Klee, 2009; Sandner, 2003).

제2차 세계대전 종전 후에 독일의 모든 연방주(聯邦州)에서 장애 학생들에 대한 취학 의무를 규정한 법령을 제정·공포하였지만, 정신지체아동이나 일부 지체장애아동 등은 여전히 의무교육에서 제외되기도 하였다. 비로소 1960년대 이후에 거의 모든 연방주에서 장애 유무에 상관없이 모든 아동에게 의무교육권을 부여하였으며, 독일의 장애인 교육은 과거 역사에 대한 통렬한 반성의 바탕 위에서 제도적, 정책적으로 세분화 및 체계화를 중심으로 급격한 발전을 보였다.

이어서 1960년대 전후부터 유럽에서 일어났던 통합운동으로 말미암아 독일은 1970년대에 베를린(Berlin), 함부르크(Hamburg), 브레멘(Bremen), 뮌헨(München) 등 대도시를 중심으로 장애 학생들의 부모들이 앞장서서 요구하는 가운데 일반 학교에서 통합교육이 시작되었다. 그리고 1973년에는 독일 교육위원회의 '장애와 장애의 위험성을 가진 아동 및 청소년의 교육적 촉진을 위한 권고(Empfehlungen zur pädagogischen Förderung behinderter und von Behinderung bedrohter Kinder und Jugendlicher)'를 계기로 오랫동안 지속되었던 장애학생들에 대한 분리교육에 대한 교육적 비판이 가해지며 일반 학교에서 교육적 통합에 사회적 관심이 증가하였다. 특히 1994년에 독일 헌법 제3조 제3항에 '누구도 자신의 장애로 인하여 차별받아서는 안 된다(Niemand darf wegen seiner Behinderung benachteiligt werden)'라는 조항이 추가적으로 제정됨으로서 장애인들의 모든 삶의 영역에 있어서 사회적 차별 행위가 법적으로 엄격히 금지되었다. 또한 같은 해에 독일의 주(州)교육부장관회의(Kultusministerkon-ferenz: KMK)에서 '독일 학교의 특수교육적 촉진에 관한 권고(Empfehlungen zur sonderpädagogischen Förderung in den Schulen in der Bundesrepublik Deutschland)'가 제안됨으로서 장애 학생과 비장애 학생의 통합교육을 위한 제도적 근거가 한층 더 공고히 다져졌다. 그뿐만 아니라

2002년에는 장애인평등법(Behindertengleichstellungsgesetz: BGG)이 제정되어 장애인에 대한 동등한 사회참여권 보장과 더불어 장애인 당사자주의에 따른 자기결정권을 바탕으로 자신의 삶을 영위하며 그들이 가진 특별한 요구들이 사회적으로 고려되어야 할 것을 정하였다. 또한 2008년 12월 21일 유엔의 장애인 인권협약에 서명함으로서 학교교육 영역에서도 통합교육의 실현을 위하여 최적의 환경을 갖추어야 하는 등 국내외적으로 법적인 배경을 바탕으로 국가적인 과제들이 계속 있다(Metzger/Weigl, 2010).

독일의 2013~2014년도 학령기의 총 학생 수는 8,420,111명이며, 그중에 특수교육 대상자는 약 6%인 500,544명이다. 장애 유형별로는 학습장애 학생이 약 37%로 가장 높은 비율을 차지하며, 정신지체가 약 22%, 정서행동장애가 약 11%로 각각 그 뒤를 이었다. 또한 특수교육 대상자들 가운데 특수학교에 재학 중인 장애 학생이 343,343명이며, 일반 학교에서 통합교육을 받는 특수교육 대상자는 157,201명으로 통합률은 약 31%로 나타났다. 그리고 일반 학교에 재학 중인 장애 학생 중에서 교육과정별 현황을 보면 초등학생이 전체의 약 48%로 가장 높은 비율을 보였다(Kim, 2013).

한편 역사적으로 볼 때 인류 사회가 복잡하고 다양하게 변화됨에 따라서 종교나 도덕만으로 사회 질서를 유지하고 통제하여 공동체 생활을 원활하게 영위할 수 있기는 불충분하기에 이르렀다. 이에 각종 법은 모든 인간의 행동을 사회가 기대하는 일정한 규범에 합치하도록 통제하는 수단으로서의 역할을 담당하게 되었다. 법의 기능과 관련하여 다양한 유형을 볼 수 있다. 우선 억지 혹은 보장 기능을 들 수 있는데, 이는 인간의 반도덕적 행위 등의 일탈행위나 공권력의 부당한 행사를 억지하고 개인의 자유와 안전, 기회와 권리 등을 보장하는 것을 말한다. 이어서 활동 촉진 기능은 법이 단순히 인간의 활동을 제한하는 것뿐만 아니라 개인이 선택한 목표의 성공적인 실현을 촉진하며 지원함을 의미한다. 그리고 인간 상호 간의 이해관계를 조정할 수 있도록 권리 및 의무 관계를 명확히 규정하고 분쟁방지 및 해결의 역할을 수행하는 분쟁해결 기능이 있다. 또한 자원배분 기능은 주로 행정법, 경제법, 사회보장법 등을 통하여 서비스 제공, 경제활동의 규제, 재화의 재분배 등의 역할을 한다. 이렇듯 법은 네 가지의 사회적 기능을 가지고 있으며, 이는 법 규범에 의해 확립되고 규제되고 있는 여러 가지 법적 제도로 수행되는 것을 의미한다(홍성찬, 2002).

이러한 법의 일반적이고 다양한 기능은 학교법 혹은 교육법에도 동일하게 적용되고 효과를 기대할 수 있다. 또한 학교법의 본질적인 기능이나 의미 및 목적을 실현하기 위해서는 무엇보다도 일정한 이념과 철학 및 원칙 등을 확고한 기반으로 하여 법이 제정되어야 한다. 더군다나 국내외를 막론하고 학교법은 지금까지 일반교육과 더불어 특수교육이나 또는 통합교육의 실천과 발전에 있어서 매우 중요한 제도 및 정책 수립의 가장 기본적이고 중요한 근간을 이루어 왔다. 교육제도, 교육정책 및 교육 현장에서의 실제적인 활동의 근거가 되는 학교법을 중심으로 교육의 방향과 궁극적인 도달점이 되는 (학교)교육의 목적과 관련된 법령들을 살펴보고 이를 통합교육적인 관점에서 그 함의를 탐색하고

자 한다. 특히 본 연구에서는 학교법에서 비교적 더 구체적이고 분명하게 교육의 목적을 명시하고 있는 독일의 16개 연방 주의 학교법들 가운데 (학교)교육의 목적과 관련된 법령들을 중심으로 통합교육적인 측면에서 시사점들을 찾아보고자 한다.

2. 연구문제

본 연구는 특히 독일연방공화국의 16개 주별 학교법에서 학교교육의 목적과 관련된 법령들을 살펴보고 이를 통합교육적 관점에서 그 의미와 시사점들을 찾아보고자 한다.

3. 연구방법

본 연구는 제시된 연구문제를 해결하기 위하여 우선 독일의 통합교육과 관련된 보고서와 각종 문헌 연구 등을 통하여 이론적인 기초적 자료와 정보를 수집하였다. 아울러 본 연구의 주 관심사의 이해를 돕기 위하여 독일연방공화국의 헌법과 각 주별 헌법에서 교육과 관련된 법령들을 독일 야후(http://de.yahoo.com)에서 헌법(Grundgesetz Deutschland), 주 헌법(Verfassungen Bundeslaender) 등의 개념들을 중심으로 인터넷 검색을 실시하여 관련 자료 및 정보를 수집하였다.

특히 본 연구의 주 목적을 달성하기 위하여 독일 야후에서 학교법(Schulgesetz 혹은 Schulrecht Deutschland) 등의 개념을 사용하여 각 주별 학교 법령들 가운데 '학교의 사명', '교육의 사명', '학교 제도의 과제 혹은 사명', 또는 '교육과제' 등의 법령들을 바탕으로 분석하였다.

끝으로 독일의 각 주별 학교법에서 규정된 다양한 교육의 목적을 바탕으로 통합교육적 관점에서 그 시사점과 의미들을 살펴보았다.

Ⅱ. (학교)교육의 목적에 대한 기초적 이해

Ⅱ. (학교)교육의 목적에 대한 기초적 이해

1. 교육이념, 교육목적 및 교육목표

교육 활동의 의도성이나 의식적 행위와 관련하여 교육목적을 비롯해 교육이념이나 교육목표 등의 용어가 있다. 이 세 가지 개념은 교육적 실천에서 공통적으로 교육의 방향이나 최종 도달점 제시 등 매우 중요한 기능과 의미를 가지고 있으며 다음과 같은 각각의 특성과 연계성을 가지고 있다(권건일, 2000; 권동택 외, 2014).

1) 교육이념

우선 교육이념은 최상위 차원의 목적 의식으로서 교육의 목적과 목표 설정을 위한 철학적, 이론적 혹은 가치적인 원천이며 교육적 결과에 대한 이상적 관념에 해당한다. 교육이념은 국가수준에서 설정하며 특히 국가의 정치적 과정이나 이념이 주요 결정 요인으로 작용하기도 한다. 교육이념의 설정에는 포괄성, 보편성, 기본성, 일관성, 지속성 및 공정성의 원리가 고려되어야 한다. 우리나라의 경우에는 교육의 핵심적인 이념을 '홍익인간(弘益人間)'으로 정하고 있다.

2) 교육목적

교육목적은 교육의 기본적인 방향을 제시하는 지표로서 교육 활동을 통하여 근본적으로 도달하고자 기대하는 궁극적인 목적을 말한다. 교육이념보다는 하위 차원이며 교육목표보다는 상위 개념으로 교육이념과 교육 목표의 조화로운 조정 과정에서 정립되므로 실제로는 교육이념이나 교육목표보다는 더 포괄적이고 광범위한 개념으로 이해할 수 있다. 일반적으로 교육목적을 규정할 때는 시대의 변화에 따라 변하며 국가 이념이나 정체성을 비롯하여 각 사회의 이상(理想)과 규범 및 가치 등 사회적 수준에서 설정된다. 예를 들어, 민주인, 과학인, 경제인의 양성 또는 우리나라의 교육법에 제시하고 있는 유치원, 초등학교, 중학교, 고등학교 및 대학교 등 각 학교 급별 교육목적이 이에 해당한다.

3) 교육목표

한편 교육목표는 가장 하위 차원이자 개인적 측면을 중요시하는 개념이다. 동시에 비교적 단기적, 현실적, 실천적, 기술적인 관점에서 피교육자 개인의 행동적 변화를 통하여 교육목적에 구체적으로 도달할 수 있는 수단이나 방법을 강조하는 행동적 지표이다. 교육목표는 학교교육 현장에서 교육과정상 실현하고자 하는 학생들의 성취 결과를 구체화한 형태로 기술된다. 예를 들어, 책임감, 준법성, 과학적 태도, 협동심 등을 들 수 있다.

2. 교육목적의 유형

교육의 목적을 설정할 때 개인과 사회, 혹은 목적(내재적)과 수단(외재적) 가운데 어느 것을 더 비중을 두고 강조하느냐에 따라서 조화를 이루기도 하고 때로는 대립적 현상이 나타나기도 한다(권건일, 2000; 김충기 외, 2002; 윤정일 외, 1997; 권동택, 2014).

1) 개인적 목적과 사회적 목적

우선 교육목적의 정립 과정에서 교육이 기본적으로 '개인을 위한 것인가?'라는 개인적 목적과 혹은 '사회적인 측면이 강조되어야 하는가?'라는 사회적 목적으로 구분할 수 있다. 교육의 개인적 목적과 관련하여 교육은 무엇보다도 개인의 행복 추구나 인격적 성숙이나 완성을 중요한 요소로 본다. 이는 개인의 자유와 인격을 존중할 뿐 아니라 교육활동을 통해 자아 인식과 자기 발견 및 자아 통제력을 함양하는 등 개인의 내면적 삶의 능력을 통하여 삶의 질적인 면을 향상시키고자 하는 것이다. 또한 이러한 관점은 타인이나 외부의 지배, 압력 및 통제 없이 자율성과 자발성을 바탕으로 성장할 수 있지만, 개인적인 요구 및 기대가 사회적 공동체의 가치와 권익 등과 부합되지 않을 경우에는 사회적 무질서와 혼란의 위험성이 야기될 수도 있다.

사회적 관점에서 교육은 다음 세대를 통하여 문화의 계승, 유지 및 발전시키는 사회적 기능을 전수하는 것이다. 사회의 필요와 요구에 의한 교육은 사회화뿐 아니라 사회 발전에 공헌함으로써 사회적 안정과 복지의 증진을 기대할 수 있다. 그러나 개인을 단지 사회의 한 수단이나 구성원으로만 간주하여 제어해야 할 대상으로 볼 때에 개인의 개성과 자유를 제한하는 획일적이고 전체주의적인 교육의 결과를 낳을 우려가 있다.

결국 교육은 그 대상이자 주체인 인간을 '어떤 존재로 보는가'라는 인간관이 매우 중요한 결정 요소에 속한다. 인간은 그 자체로서 존엄하고 가치 있을 뿐만 아니라 더 나아가서는 사회 공동체 안에서의 상호적인 삶을 통하여 비로소 의미 있는 존재임과 인간다움을 발견할 수 있을 것이다. 따라서 교육은 인간이 사회적 존재임을 인식하고 공동체적인 삶을 지향하도록 도우며 아울러 그 내부에 존재하는 개인의 인격과 개성을 존중하는 개별성도 동시에 고려되어야 한다.

2) 내재적 목적과 외재적 목적

이어서 교육 목적의 설정과 관련하여 내재적인 관점과 외재적인 관점으로 구분하여 살펴볼 수 있다. 내재적 목적의 교육은 교육적인 활동이 다른 어떤 것의 수단이나 도구가 아니고 이미 그 자체 속에 의미, 가치 및 이상을 가진다는 것이다. 교육이 추구하는 내재적 목적에는 대부분 오랜 교육을 통하여 학습화되고 내면화된 것을 말하며, 어떤 이해관계를 초월한 합리성이나 자율성을 비롯하여 호기심, 지적 정직성, 근면, 진리, 선, 절제, 관용 및 정의에 대한 사랑 등의 도덕적 가치들이 포함될 수 있다.

교육의 외재적 목적은 내재적 목적과는 달리 교육활동을 수단으로 하여 교육활동 밖에 있는 가시적이며 실제적인 이익이나 가치를 발견하는 것이다. 교육의 외재적 목적에는 교육의 목적을 경제발전이나 국가발전으로 보는 수단적 관계 또는 필요적 관계나 교육을 통하여 직업을 얻고 생계를 유지하는 것 등을 들 수 있다. 교육의 외재적 목적을 지나치게 강조하는 경우에는 교육활동이 오직 부의 축척이나 출세나 성공의 지름길로만 간주되어 교육의 본질적이고 기초적인 의미를 상실할 위험성이 있다.

이처럼 교육의 내재적 목적이나 외재적 목적들은 상호 경쟁적인 관계를 맺고 있으며 사회의 개인이나 집단에 따라서 다양한 교육목적들이 설정될 수 있다. 그러나 교육의 본질적인 의미나 목적이 인간의 성장 가능성 및 잠재능력을 가치 있는 방향으로 최대한 계발·신장시켜 사회적으로나 도덕적으로 성숙한 공동체적 삶을 살 수 있도록 조력하는 것이라고 본다면 그 외의 목적이나 기능들은 부차적인 결과이며 교육의 본질적인 목적보다 우선시되는 것은 아닐 것이다. 만일 교육의 본질이나 일차적인 목적이 상실되고 수단적 혹은 도구적 목적으로 교육활동이 이용될 때에 개인적, 사회적으로 초래될 위험성은 항상 염두에 두어야 할 것이다.

3. 우리나라 교육목적의 변천

교육목적은 각 시대나 국가의 정치, 경제, 사회 및 문화적인 배경을 바탕으로 한 규범, 가치관 혹은 인간상 등에 따라서 다양하고 많은 변화를 보인다. 우리나라의 교육목적을 간단하게 개관해 보면 역사적인 흐름 가운데에서 각 시대별로 다양한 특성이 있음을 살펴볼 수 있다(권건일, 2000; 임창재, 1997; 송준석, 1998).

먼저 고대사회에서 교육은 기록이 부족하여 구체적으로 알 수 없지만 주로 생계를 위한 생활교육, 생산교육 및 토속신앙을 통한 안전 유지가 목적이었다고 할 수 있다. 이어서 삼국시대에서는 학교교육을 통하여 군주에 충성하며 백성을 잘 다스리는 인재 양성을 지향하였다. 특히 신라의 화랑도교육은 충성스러운 무사를 기르며 인재 양성과 더불어 종교적, 도덕적인 미풍양속을 함양하는 데 그 목적을 두었다. 고려 시대에서는 유학을 중심으로 문과 예를 통하여 인재를 발굴하는 데 목적을 두었지만 입신출세의 목적으로 남용되어 성인군자라는 인격 완성에는 소홀한 경향도 나타났다. 그리고 서당에서는 일반 서민들의 도덕교육과 교화를 교육목적으로 설정하였다. 조선 시대에 와서 성균관은 국가의 인재와 고급 관리를 양성하고자 하였으며 향교도 관리 양성이나 과거 준비가 교육목적이었다. 아울러 실학사상은 실용주의적이고 과학적인 인재 양성을 목적으로 삼았다.

이처럼 우리나라의 역사 가운데서 군주주권 시대에서는 주로 유학사상의 실현이 주된 교육목적이었으며 또한 통치 이념이기도 하였다. 아울러 유학교육은 도덕인이나 인격인 등 군자(君子)의 양성과 유학의 도덕 규범을 내면화하는 것을 지향하였다.

이어서 이방 주권 시대인 일제 점령기에서는 권위와 복종의 식민통치를 통하여 일본식 황국 신민의 양성이라는 정치적 목적으로 교육이 이용되었다. 그러나 구한말 기독교 선교사들의 도움으로 시작된 학교교육을 통하여 인간 평등, 인간 존중 및 기회균등의 이념을 바탕으로 민족의 주체성 확립과 구국 민족주의자의 양성을 강조하였다.

해방과 더불어 식민지 교육체제를 일소하고 민주주의에 입각한 새로운 교육체제를 도입함으로서 민주시민을 육성하고자 하였다. 이러한 기본 교육 방침에 의하여 오늘날까지 우리나라의 교육이념이자 건국이념은 홍익인간(弘益人間)으로 설정된 것이다.

4. 우리나라의 교육목적 관련 법적 근거

우리나라의 교육 및 교육목적과 관련하여 법적 근거를 헌법, 교육기본법, 초중등교육법을 중심으로 살펴보고자 한다.

1) 헌법

우선 헌법 제2장(국민의 권리와 의무) 제10조에는 '모든 국민은 인간으로서의 존엄과 가치를 가지며 행복을 추구할 권리를 가진다. 국가는 개인이 가지는 불가침의 기본적 인권을 확인하고 이를 보장할 의무를 진다'. 이어서 제11조 ①에 의하면 '모든 국민은 법 앞에서 평등하다. 누구든지 성별, 종교 또는 사회적 신분에 의하여 정치적, 경제적, 사회적, 문화적 생활의 모든 영역에 있어서 차별을 받지 아니한다'라고 정함으로서 모든 인간의 존엄성을 부여하며 삶의 영역에서 다양한 차별을 엄격히 금지하고 있다. 또한 헌법 제31조에는 기회균등의 교육과 관련하여 '① 모든 국민은 능력에 따라 균등하게 교육받을 권리를 가진다'와 '③ 의무교육은 무상으로 한다'라는 무상 의무교육의 원칙을 보장하고 있다.

또한 국민의 일반적인 권리와 관련하여 제19조에서는 '모든 국민은 양심의 자유를 가진다'와 더불어 제20조에는 '① 모든 국민은 종교의 자유를 가진다'라고 명시하였다. 이어서 제34조에는 인간다운 삶의 영위권, 국가의 노인과 청소년 복지 향상 의무, 사회적 약자의 보호권 등에 대하여 '① 모든 국민은 인간다운 생활을 할 권리를 가진다'와 '② 국가는 노인과 청소년의 복지 향상을 위한 정책을 실시할 의무를 진다' 그리고 '③ 신체장애자 및 질병·노령 기타의 사유로 생활 능력이 없는 국민은 법률이 정하는 바에 의하여 국가의 보호를 받는다'라고 밝혔다.

제35조에는 환경권이나 환경보호에 대한 국민적 의무와 권리를 보장하고 있는데, '① 모든 국민은 건강하고 쾌적한 환경에서 생활할 권리를 가지며, 국가와 국민은 환경보전을 위하여 노력하여야 한다'와 '② 환경권의 내용과 행사에 관하여서는 법률로 정한다' 등으로 언급하였음을 알 수 있다.

이처럼 헌법에서는 국민의 교육권 보장을 위한 가장 기본적인 환경으로서 인간의 존엄성을 비롯하여 평등성, 균등한 교육권, 양심 및 종교의 자유, 복지권, 보호권, 환경권 등을 보장함을 알 수 있다.

2) 교육기본법

교육기본법에서 교육목적과 관련된 법적 배경으로는 무엇보다도 제2조(교육이념)를 들 수 있다. 즉 '교육은 홍익인간(弘益人間)의 이념 아래 모든 국민으로 하여금 인격을 도야(陶冶)하고 자주적 생활능력과 민주시민으로서 필요한 자질을 갖추게 함으로써 인간다운 삶을 영위하게 하고 민주국가의 발전과 인류공영(人類共榮)의 이상을 실현하는 데에 이바지함을 목적으로 한다'라고 설정하고 있다. 이처럼 우리나라의 교육이념은 홍익인간이라는 철학적, 이론적 혹은 가치적인 원천을 바탕으로 교육목적을 설정하는 데 개인적인 측면과 사회적인 측면뿐만 아니라 내재적 목적과 외재적 목적이 균형 있고 조화롭게 설정되었음을 알 수 있다. 아울러 교육을 이해함에 있어서 민주시민, 인격도야 등의 규범적인 차원을 비롯하여 자주적 생활 능력이나 민주국가의 발전 등 기능적인 측면과 더불어 교육활동을 통한 각 개인의 교육적 변화로 결국은 개인뿐만 아니라 사회, 국가 및 인류 사회의 발전에 이바지함을 지향하는 것을 볼 수 있다.

또한 제3조(학습권)에는 평생학습을 보장하고 교육적 개별성을 중요시함을 강조하였는데, '모든 국민은 평생에 걸쳐서 학습하고, 능력과 적성에 따라 교육받을 권리를 가진다'라고 규정하고 있다. 이어서 제4조(교육의 기회균등) ①에는 교육적 차별을 금지하면서 '모든 국민은 성별, 종교, 신념, 인종, 사회적 신분, 경제적 지위 또는 신체적 조건 등을 이유로 교육에서 차별을 받지 아니한다'라고 선언하고 있다. 제6조(교육의 중립성)에서 교육은 신념, 종교 및 가치 면에 있어서 중립을 유지할 것을 요구하고 있는데, '① 교육은 교육 본래의 목적에 따라 그 기능을 다하도록 운영되어야 하며, 정치적, 파당적 또는 개인적 편견을 전파하기 위한 방편으로 이용되어서는 아니 된다'와 '② 국가와 지방자치단체가 설립한 학교에서는 특정한 종교를 위한 종교교육을 하여서는 아니 된다'라고 정하고 있다.

제9조(학교교육)에서는 학교교육의 공공성, 사회·문화적 발전에 기여하고 전인교육 함양 등의 기본 성격에 대하여 다음과 같이 언급하였다. '② 학교는 공공성을 가지며, 학생의 교육 외에 학술 및 문화적 전통의 유지, 발전과 주민의 평생교육을 위하여 노력하여야 한다'와 '③ 학교교육은 학생의 창의력 계발 및 인성 함양을 포함한 전인적(全人的) 교육을 중시하여 이루어져야 한다'라고 밝히고 있다.

제12조(학습자)에는 학습자의 권리와 기본적인 의무를 정하고 있는데, '① 학생을 포함한 학습자의 기본적인 인권은 학교교육 또는 사회교육의 과정에서 존중되고 보호된다'라고 규정하고 있다. '② 교육내용·교육방법·교재 및 교육시설은 학습자의 인격을 존중하고 개성을 중시하여 학습자의 능력이 최대한으로 발휘될 수 있도록 마련되어야 한다'라고 규정하고 있다.

한편 제13조(보호자)에는 학생의 부모의 의무와 권리에 대하여 다음과 같이 정하고 있는데, '① 부모 등 보호자는 보호하는 자녀 또는 아동이 바른 인성을 가지고 건강하게 성장하도록 교육할 권리와 책임을 가진다', 이어서 '② 부모 등 보호자는 보호하는 자녀 또는 아동의 교육에 관하여 학교에 의견을 제시할 수 있으며,

학교는 그 의견을 존중하여야 한다'라고 명시하고 있다.

제17조의 2(남녀평등교육의 증진)에는 남녀평등 실현 및 남녀차별에 대하여 금하고 있는데, '① 국가와 지방자치단체는 남녀평등정신을 보다 적극적으로 실현할 수 있는 시책을 수립, 실시하여야 한다'와 더불어 '② 국가 및 지방자치단체와 제16조에 따른 학교 및 사회교육시설의 설립자 경영자는 교육을 할 때 합리적인 이유 없이 성별에 따라 참여나 혜택을 제한하거나 배제하는 등 차별을 하여서는 아니 된다'라고 밝힌다. 그리고 제17조의 4(건전한 성의식 함양)에 의하면 '① 국가와 지방자치단체는 학생의 존엄한 성(性)을 보호하고 학생에게 성에 대한 선량한 정서를 함양시킬 수 있도록 필요한 시책을 수립, 실시하여야 한다'와 '② 제1항에 따른 시책에는 학생 개인의 존엄과 인격이 존중될 수 있는 교육적 방안과 남녀의 성 특성을 고려한 교육, 편의시설 마련 방안이 포함되어야 한다'라며 학생의 성(性) 존중의식과 그에 따른 실제적인 교육 및 편의시설 제공에 대하여 규정하고 있다.

교육기본법은 교육에 관한 국민의 권리 및 의무, 국가와 지방자치단체의 책임을 정하고 교육제도와 그 운영에 관한 기본적인 사항을 정하는 것을 목적으로 한다. 따라서 이는 개인의 학습권, 교육의 기회균등, 교육의 중립성, 학교교육의 성격, 학습자 및 보호자의 기본 의무 및 권리, 남녀평등 등이 (학교)교육의 목적과 관련한 직간접적인 법령으로 보인다.

3) 초·중등교육법

초·중등교육법 제3장 제18조의 4(학생의 인권보장)에서는 '학교의 설립자, 경영자와 학교의 장은 「헌법」과 국제인권조약에 명시된 학생의 인권을 보장하여야 한다'라고 학생의 기본 인권을 보호할 것을 명시하고 있다.

제38조(목적)에는 초등학교의 목적에 대하여 '초등학교는 국민생활에 기초적인 초등교육을 하는 것을 목적으로 한다'라고 규정하고 있으며, 제41조(목적)에는 '중학교는 초등학교에서 받은 교육의 기초 위에 중등교육을 하는 것을 목적으로 한다'와 제45조(목적)에서는 '고등학교는 중학교에서 받은 교육의 기초 위에 중등교육 및 기초적인 전문교육을 하는 것을 목적으로 한다'라고 각 학교 유형과 학교 급별에 따른 목적에 대하여 간단히 언급하였다.

초·중등교육법은 교육기본법 제9조를 근거로 하여 총칙을 비롯하여 초·중등교육의 의무교육, 학생과 교직원, 학교 등에 관한 사항들을 정함을 그 목적으로 하는 법령이다.

III. 서양의 시대별 교육 특성과 나치 시대의 교육정책

Ⅲ. 서양의 시대별 교육 특성과 나치 시대의 교육정책

1. 서양의 시대별 교육 특성의 개관

서양에서의 교육도 역사적인 흐름 가운데서 각 시대나 문화적인 배경에 따라 교육적 특성과 목적을 달리하고 있다(구광현 외, 1994; 권동택 외, 2014).

1) 고대 그리스

우선 고대 그리스의 교육은 실제적이고 사회적인 성격이 강하여 남자는 군사 및 직업교육을 강조하는 반면에 여자는 가사교육에 집중하였다. 그리스 교육의 특징은 판단력, 통찰력, 현명함 등 지혜와 용기, 담력 및 인내심 등 행동을 겸비한 인물을 양성함을 목적으로 하였으며, 전반적으로 남성 중심의 사회였으므로 정치 및 교육적 권리에서 여성은 제외되었다. 도시국가(Polis)의 형태로 구성된 그리스에서 특히 스파르타의 교육목적은 지적인 교양보다는 주로 신체적 훈련을 강조하여 무사 양성에 두었으며, 반면에 아테네는 선미(善美)로운 인간을 바탕으로 한 조화로운 자유 시민의 육성을 지향하였다. 그 밖에 그리스의 대철학자였던 소크라테스(Socrates, B. C. 470~B. C. 399)는 교육에서 지덕합일(智德合一)의 도덕적 인간을 특히 강조하였으며, 플라톤(Platon, B. C. 428/427~B. C. 348/347)은 국가 정의의 실현, 그리고 아리스토텔레스(Aristoteles, B. C. 384~B. C. 322년)는 중용(中庸)의 덕을 기초로 행복한 생활을 영위하는 자유인을 양성하는 것에 교육역점을 두었다.

2) 로마

이어서 로마 시대의 교육은 그리스의 교육 방식을 모방하였으며, 주로 실용적이고 실천적인 측면을 중심으로 국가에 유익한 시민을 양성하는 데 목적을 두었다. 특히 그리스의 정복기인 기원전 146년을 기점으로 로마 전기(공화정) 시대의 교육은 용감하고 순종하는 군인과 덕과 선한 행동을 바탕으로 하는 유용한 시민을 양성하고자 하였다. 이어서 로마 후기 시대인 제정 시대의 교육은 그리스 시대보다 더 조직적이고 체계적인 학교 중심으로 이루어졌으며, 지적(知的)인 인간의 양성과 더불어 도덕적이고 유능한 웅변가를 통해 국가에 이바지하는 사람을 양성하는 데 그 목적을 두었다. 이 시대에 교육사상가이며 로마 최고의 웅변가였으며 『웅변론』의 저자인 키케로(Cicero, B. C. 106~B. C. 43)는 교양과 철학적 지식을 가진 웅변가를 양성하고자 하였다. 또한 세계 최초의 공립학교 교사이자 『웅변교수론』의 저자였던 퀸틸리아누스(Quintilianus, A. D. 35~A. D. 96)는 아동의 체벌을 부정하고 개인차와 개성을 존중하여 선한 성품을 바탕으로 웅변가를 양성할 것을 주장하였다.

3) 중세

서로마제국의 멸망으로부터 14세기 말 문예부흥운동기 전(前) 시기에 해당하는 중세의 교육은 신(神) 중심주의 문화, 초자연주의, 내세주의 및 금욕주의 등의 정치적, 종교적 혹은 사회적 배경을 바탕으로 하였다. 중세의 교육은 주로 수도원이나 교회를 중심으로 기독교적인 관점이나 교리를 기초로 종교적인 정서생활을 경험하고 도야하는 데 그 목적을 두었다. 중세의 교육은 아동의 흥미, 개성 등 인간적인 측면은 대체적으로 억압하는 반면에 신에 대한 경외심과 복종, 현세는 내세에 대한 준비 과정이라는 신앙교육이 핵심을 이루었다. 그 당시 이성에 의해 신앙을 합리화하고 논리에 의해 신학을 이해하려는 스콜라(Schola)철학은 안셀무스(Anselmus, 1033~1109)나 아퀴나스(Aquinas, 1225~1274)가 대표적인 학자이며 이성과 신앙과의 조화를 이루고 지적 훈련이나 논리적 사고를 훈련시키고자 하였다. 또한 기사(騎士)교육은 기독교적인 무사를 양성하고자 하였고 중세에 설립된 대학에서는 특히 대학 교수를 배출하고자 하였으며 교수와 학생은 병역, 부역 및 세금이 면제되는 등 많은 사회적 특권이 제공되었다. 그 밖에 중세의 시민교육은 기독교적인 바탕 위에서 성직자들에 의하여 실시되었고 생산교육, 직업교육을 실시하였다.

4) 근대

중세 이후 15세기에서 19세기까지를 포함하는 근대의 교육은

15세기의 르네상스를 비롯하여 16세기 종교개혁, 17세기의 실학주의, 18세기 계몽주의 및 19세기 신인문주의 사상 등을 주된 배경으로 하였다.

15세기 이탈리아에서 일어났던 인간성 회복운동이자 문예 부흥기였던 르네상스(Renaissance)는 중세의 신 중심주의, 권위주의, 내세주의, 금욕주의, 계시주의 등의 기독교적인 세계관에서 탈피하여 인간 본연, 인간 중심의 문화를 회복하기 위한 운동이었다. 따라서 문예 부흥기의 주된 교육목적은 사고의 자유, 자기표현 및 창작 활동의 자유로, 그리스의 자유교육을 이상으로 인간성을 존중하고 선천적인 성장 가능성을 최대한 발현하여 사회 및 도덕적 개혁을 시도하고자 하였다. 인문주의의 대표적인 사상가로는 에라스무스(Erasmus, 1467~1536)를 들 수 있다. 그는 자신의 저서인 『아동대화법』, 『아동자유교육』 등에서 학습자의 흥미와 필요를 고려하는 교육방법을 통하여 고전과 성서문학을 중요시하고 기독교적인 인문주의자를 양성하는 데 중점을 두었다. 그의 교육사상은 종교개혁, 자유주의교육 및 인문 중심의 학교교육에 큰 영향을 끼쳤다.

16세기는 무엇보다도 로마 교황 레오 10세(Leo X, 1475~1521)가 성 베드로 성전의 건축을 위해 면죄부를 발행하여 교인들에게 강매한 사건에 대하여 독일 비텐베르크(Wittenberg) 대학의 신학 교수였던 루터(Luther, 1483~1546)가 항의서를 발표한 종교개혁을 시대적 특징으로 들 수 있다. 루터의 교육사상은 그리스도 중심의 교육임과 동시에 그리스도인을 만드는 것이 곧 교육의 목적이었다. 그는 또한 가정교육을 강조하였으며 이는 교회와 학교,

사회 및 국가의 발전을 위한 근본으로 이해하였다. 신교교육 사상가로서 루터는 공교육 제도, 취학 의무, 여성교육의 개척, 언어학의 발전 등 종교적 개혁을 넘어 교육적 개혁운동의 배경이 되기도 하였다. 아울러 『기독교강요』의 저자인 칼빈(Calvin, 1509~1564)의 교육 사상은 성경의 권위와 신학 및 기독교 윤리를 강조하였다. 그는 교육의 기초를 성경에 두어야 하며 신앙교육과 더불어 인문과학이나 인격도야를 병행할 것을 역설하였다.

17세기 유럽 사회는 종교개혁 이후에 신·구교의 대립과 30년 전쟁(1618~1648)으로 인하여 대부분 지역이 어려운 상황이었다. 그럼에도 불구하고 17세기의 교육은 실학주의 사상이 특징적이었다. 실학주의는 과학적 지식의 발달을 통하여 인문주의적인 관념이나 이상주의보다는 사실을 바탕으로 현실의 실제와 인간 생활의 실용적인 가치에 관심을 두었다. 그들은 과학적 지식을 통하여 현실적으로 유용한 인간 양성에 교육목적을 두었으므로 암기나 기억보다는 이해와 경험, 관찰 및 실험 등을 강조하였다. 실학주의적 교육사상가로는 신체적, 도덕적, 지적인 면을 갖춘 신사를 양성하며 인식론적 경험론을 강조한 로크(Locke, 1632~1704)를 비롯하여 교육학의 시조라 불리며, 신과 영원히 행복한 삶을 영위하는 데 교육목적을 둔 코메니우스(Comenius, 1592~1670)가 있다.

18세기의 역사적 배경에는 프랑스 혁명과 미국의 독립으로 전제군주정치를 배격하였으며 과학의 발달과 자유로운 풍조의 사상이 발현하여 인간의 개인적 권리를 존중하는 분위기가 조성되었다. 인간의 이성(理性)을 바탕으로 사회의 불평등이나 부자유, 미신이나 특권을 폐지하고자 한 18세기의 계몽주의 사상은 교육의 목적을 이성과 지성을 바탕으로 인간성을 해방시키고 자유를 속박하는 모든 종교 및 정치적인 제도와 사회구조를 바꾸는 데 두었다. 이 시대에 자연주의 교육학자이며 『에밀(Emil)』의 저자인 루소(Rousseau, 1720~1778)는 아동중심주의 교육을 통하여 궁극적으로는 도덕적 자유인을 양성하고자 하였다. 『순수이성비판』을 집필하였으며, 사람이란 교육되지 않으면 안 되는 유일한 피조물로 이해한 칸트(Kant, 1724~1804)는 경험론과 합리론을 종합한 철학적 사상 위에 인간의 이성을 활용한 교육방법을 중요시하였고 교육의 목적을 인간성의 실현에 두었다.

이어서 19세기는 신인문주의(Neo-Humanism) 시대로 18세기의 계몽주의적 주지주의(主知主義)를 반대하여 18세기 말부터 19세기에 걸쳐 독일을 중심으로 나타난 교육사상이다. 신인문주의는 로마의 고전보다는 그리스의 문화를 존중하였으며, 고전 문예의 모방이 아니라 연구를 통하여 과학적, 역사적, 사회적 지식을 바탕으로 그 정신을 본받으려고 하였다. 아울러 18세기 중반부터 19세기 초반까지 영국에서 시작된 기술의 혁신과 이로 인해 일어난 사회, 경제 등의 큰 변혁인 산업혁명은 교육 영역에도 근본적인 변화가 일어났다. 자선학교(Charity School), 산업학교(Industrial School), 고아학교(Orphan School), 유아학교(Infant School) 등 사회의 교육적 문제 해결을 위한 다양한 유형의 학교가 설립되었다. 이른바 교성(敎聖)이라 불리는 페스탈로치(Pestalozzi, 1748~1827)는 사회적 인문주의를 주장하였으며, 교육의 목적을 지(知, Head), 덕(德, Heart), 체(體, Hand)의 조화로운 발달을 바탕으로 전인교육을 주장하고 인격 형성을 통한 사회개혁에 두었다. 또한 교육학의 아버지라고 불리는 헤르베르트(Herbert, 1776~1841)는 이성적 도덕주의 사상을 바탕으로 한 교육의 목적을 최고의 도덕적 이상, 즉 내면적 자유의 완성, 정의, 공정의 이념을 추구하는 인간 형성으로 보았다. 아울러 유치원의 창시자이며 은물(Gabe, 恩物)에 의한 교육을 강조한 프뢰벨(Froebel, 1782~1852)은 인간의 내면적인 신성, 즉 선천적인 잠재력을 계발하는 것에 교육적 초점을 두었다. 그는 노래, 언어, 율동, 표정, 유희 등의 자기활동을 교육의 원리 및 방법으로 강조하였다. 한편 프랑스 혁명을 계기로 자유와 평등사상이 다른 절대주의 국가로 유입되는 것을 막고자 애국주의 혹은 국가주의가 태동하였다. 또한 나폴레옹 전쟁(1803~1815) 이후에 유럽의 여러 국가는 국가주의 사상을 고취하게 되었다. 국가주의의 교육적 특성과 목적은 국민들로 하여금 국가에 대한 애국심과 충성심을 고취하는 데 있었다. 피히테(Fichte, 1762~1814)는 대표적인 민족주의 교육사상가로서 〈국민에게 고함〉이라는 강연으로 독일 국민의 정신을 일깨운 관념론자이다. 또한 슐라이어마허(Schuleiermacher, 1768~1834)도 마찬가지로 국가주의를 주장하고 교육의 목적을 국가적인 국민 육성에 두고 개성 존중과 자기 활동력 조성을 역설하였다. 그 밖에도 크리크(Krieck, 1882~1947)는 무의도적인 교육의 중요성과 학교교육을 위하여 가정 및 사회교육의 중요성을 갈파하였으며 사회현상을 연구 대상으로 하는 교육과학의 발전에 이바지하였다.

5) 현대

20세기 교육의 특성은 교육의 기회균등과 교육 내용의 민주화가 핵심인 신교육운동기라 할 수 있다. 20세기의 신교육운동은 교육의 내용과 방법을 개선하고 경험적인 학습을 중요시하며 권위주의적 교수법을 지양하고 교사와 아동의 인간적인 관계 형성을 강조하였다. 즉 지금까지의 봉건주의적인 구속이나 권위 및 속박에서 벗어나 교육 내용의 민주화를 바탕으로 자유롭게 사고하여 스스로 삶을 개척하는 인간 형성을 지향하게 되었다. 이러한 신교육운동은 유럽 각국에서 교육의 과학화 운동을 비롯하여 학교교육의 다양한 개혁운동으로 일어나기 시작하였다. 먼저 20세기의 교육적 특성 가운데 하나는 과학적 연구와 실험을 통하여 교육 현상을 과학적 과정으로 정립한다. 다시 말하자면, 각종 심리검사를 실시한 분트(Wundt, 1832~1920), 통계적 방법을 사용한 손다이크(Thorndike, 1874~1949), 지능측정의 척도를 개발한 비네(Binet, 1857~1911) 등이 교육목적, 내용, 방법 등에 과학적인 방법을 사용하여 교육에 응용하기 시작하였다. 이어서 아동 해방운동으로서 듀이(Dewey, 1859~1952)의 근대적인 아동중심 교육과정이 도입되었으며, 독일의 신학운동의 선구자이며 특히 대자연 속에서의 교육을 강조한 리츠(Lietz, 1868~1919)의 전원학교, 케르센쉬타이너(Kerschensteiner,1854~1932)의 노작(勞作)학교 등 신교육학교들이 등장하였다. 신교육운동은 교육목적이나 방법에 획기적인 변화를 가져왔는데, 예를 들어 이탈리아의 여성교육가인 몬테소리(Montessori, 1870~1952)는 자유주의 교육에 영향을 받아서 아동교육에 자신이 고안한 감각교육을 접목하여 교육방법을 개발하였다. 또한 독일의 철학자, 교육사상가이며 개인과 사회와의 관계를 바탕으로 이상적 사회교육설을 강조한 나토르프(Natrop, 1854~1924), 신인문주의 도야적 문화교육을 강조한 슈프랑거(Spranger, 1882~1963) 등이 대표적인 현대 교육사상가들이다. 이어서 독일의 히틀러가 집권한 나치 시대에서 교육은 전체주의적인 정치 형태 가운데 무조건적인 복종을 강요당하였다. 제3제국 시대의 교육에서 자율적인 사고나 자기책임적인 행동은 완전히 배제되었다. 그 당시 히틀러 정권의 교육철학과 다른 교사나 교육자들은 학교에서 추방되었으며 수업 내용은 오로지 민족주의적이고 인종주의적인 인간상을 지향하였던 것이다. 제2차 세계대전이 종식된 이후에 연합국들은 히틀러의 민족사회주의적인 교육사상의 전환에 대하여 문제를 제기하였다. 당시 서독 쪽의 점령자들은 학교제도를 개정하고 수업 과정을 민주주의적인 방법을 바탕으로 재구성하는 데 노력하였다. 반면에 구소련이 차지한 구동독 지역은 마르크스-레닌주의적(Marxism-Leninism) 사상을 핵심으로 하는 교육이 도입되었고, 곧이어 독일민주주의공화국(Deutsche Demokratische Re-publik: DDR)은 사회주의적인 이념 주입과 동시에 권위주의적 사고방식이 지배했다. 특히 독일연방공화국(Bundesrepublik Deutschland: BRD)에서는 1960년대부터 반권위주의적인 교육에 관심을 나타내기 시작하였으며 학교제도상의 개혁운동이 일어났다. 구서독과 구동독 간의 정치적인 측면과 더불어 교육정책의 합의 등을 통하여 1990년 10월 3일 공식적인 독일통일선언을 거쳐 오늘날에는 아동들의 자유로운 사고, 자기결정권, 평등한 공동체적 삶 등의 민주주의적인 교육에 대하여 관심을 집중하고 있다. 그럼에도 불구하고 오늘날 대부분의 교사나 교육자가 동시에 좋은 교육이란 아동들에게 제한성과 규칙성도 함께 제시해야 한다는 관점은 동일하다.

2. 나치 시대의 교육정책과 교육목적

독일의 역사 가운데 특히 나치 시대(1933~1945)는 정치적, 문화적, 사회적 혹은 교육적인 면에서 전무후무하게 혹독한 침체기에 속한다. 나치즘의 정권은 보통 세 시기로 구분하는데, 제1단계는 권력의 확보기(1933~1935), 제2단계는 전쟁 준비 단계(1936~1940) 및 제3단계는 권력의 확대 및 멸망 단계(1941~1945)라 할 수 있다.

히틀러는 아동 및 청소년의 교육에 대하여 기본적으로 다음과 같이 매우 왜곡된 시각을 가지고 있었다.

> '나의 교육학은 단호하다. 나약함은 부수어 버려야 한다. 청소년들이 세상이 그들 앞에서 놀랄 정도로 자라야 한다. 나는 강인하고, 당당하고, 대담하고, 무자비한 청소년을 원한다. 고통은 참아야 한다. 그들에게 결코 부드러운 것이나 나약한 것이 있어서는 안 된다. 자유롭고 당당한 맹수가 눈에서 빛이 번쩍이듯이… 너희들은 크룹(Krupp, 1812~1887, 독일의 강철공업가)과 같이 강해야 하며 가죽처럼 질기고 그레이하운드(Greyhound, 개 가운데 가장 빠르고 오래된 품종)처럼 아주 민첩해야 한다…' (Bolz, 2001).

독일 나치 시대의 교육은 유치원 교육을 비롯하여 대학 및 학교 외의 교육에 이르기까지 피교육자들에게 오로지 나치의 세계관을 정치적으로 관철하려는 이론과 실제뿐이었다. 그 당시 교육의 목적은 이른바 아리아 혈통의 청소년들을 인종의식이 투철한 민족공동체의 일원으로 만들고, 그들의 혈기왕성한 신체를 단련하는 것이며, 또한 그들을 확고한 민족사회주의자로 교육하고 확산하는 데 있었던 것이다. 동시에 학생들로 하여금 제2차 대전을 준비하는 것이 나치즘 교육의 주요 목적이었다(Kloenne, 2008).

특히 히틀러 유겐트(Hitler-Jugend: HJ, 히틀러 청소년단)는 1933년 민족사회주의독일노동자당(Nationalsozialistische Deutsche Arbeiterpartei: NSDAP)에 의해서 설립되고 공무원의 자녀들은 반드시 가입을 해야 했다. 히틀러 청소년단은 당시 모든 독일 청소년들의 약 98%인 870만 명의 회원을 보유했던 유일무이한 청소년 조직이었다. 1939년 3월의 법 규정에 따르면 10세부터 18세 사이의 모든 청소년들이 해당되며 매주당 2일 동안 단체 행진 및 행군, 야영 등 신체적 훈련 및 인종주의, 사회적 다윈주의에 대한 이념적 교육을 받았다. 특히 청소년들의 신체 훈련은 1934년부터 히틀러 청소년단의 주요 과제 가운데 하나로서 주당 두 시간씩 학교에서 필수 과목인 체육 수업 때 실시되었다. 이들은 이른바 '히틀러의 아이들'로, 개성을 존중받으며 인격을 성숙시키는 것 대신에 명령, 복종 연습, 전우애, 규율 및 민족공동체(Volksgemeinschaft)를 위한 자기희생이 최고의 교육목적에 해당하였다. 유태인 혈통이거나 반(反)나치즘 성향을 가진 아이들은 '히틀러의 아이들'이 되지 못했고, 여기에 속하지 못한 아이들은 '히틀러의 아이들'로부터 배척당했다. 히틀러 청소년단의 남녀 청소년들은 '청소년들은 청소년을 통하여 지도받아야 한다'라는 표어 아래에서 연령이 다소 어린 하위 집단을 이끌었다. 1939년 나치즘들이 폴란드를 공격했으며, 이때 군인으로 징집된 히틀러 청소년단의 지도자 중 314명이 첫 출정에서 전사하였다. 이들과 이후에 전쟁에서 전사한 히틀러 청소년단들은 조국을 위해 영예롭게 목숨을 바친 영웅으로 추켜세웠다(Helma, 1993; Ernst, 1983).

국가사회주의자들은 반지성주의적, 반인간주의적, 인종주의적 혹은 편협한 애국주의적인 사상을 바탕으로 이른바 '국민교육'을 실시하였다. 학교 수업 시간이나 그 외에 히틀러 청년단에서는 히틀러의 사진, 히틀러식 경례, 국기, 갈고리 십자(나치스의 휘장) 등을 통하여 정치적 선동과 지도자에 대한 숭배가 지속적으로 행해졌다. 아울러 모든 아리아 혈통의 독일 사람들은 민족공동체로서 인정하는 이념을 통하여 이른바 열등한 인간 집단은 하위 인간(Untermensch)으로 간주되어 증오의 대상이 되었다. 히틀러가 집권한 직후인 1933년에 이미 모든 유태인 교사들과 여성 교사의 삼분의 일이 해고를 당하였다. 그리고 교육기관에 남아 있는 모든 교사들은 국가사회주의교사연합회(NS-Lehrerbund: NSLB)에 가입하도록 강요를 당하였다. 교사들 가운데 때로는 정치적인 이유로 교직을 떠나고 전쟁 후에 다시 복직된 자들도 있었다. 교사들 가운데 소수는 나치즘의 사상과 일정한 거리를 유지하는 경우도 있었지만 교사의 97%는 나치교사연합회에 가입하였으며, 또한 그중 33%는 국가 사회주의 독일 노동당(NSDAP)에 당원으로 활동하였다고 한다(Flessau, 1977).

나치즘들은 유치원 교육에서도 아동들을 소위 '새로운 인간'으로 개조하기 위하여 혹독하게 훈련하는 과정으로 이해하였다. 그들은 출생 직후부터 울기 혹은 떼쓰기 등은 허용되지 않는 존재로 다루어졌다. 또한 부모와 자녀 간에 애정 어린 관계의 형성은 제지를 받았으며 자녀의 교육은 당연히 어머니의 과제로 간주되었다.

아울러 제1차 세계대전 이후 독일의 출생률은 다른 유럽 국가들에 비하여 우려할 정도로 현저히 낮아졌다. 이에 나치 정권의 친위 대장이었던 힘러(Himmler, 1900~1945)는 '유일하게 통치능력은 가지고 있지만 출산의 결손으로 인하여 몰락 위기에 처한 북방인종(아리아인)을 구해야 한다"는 생각에서 1938년 뮌헨(München) 근교의 쉬타인회링(Steinhoering)에 '레벤스보른(Lebensborn, 생명샘) 프로젝트'를 계획하고 실시하였다. 소위 '인간 교배 실험장'이며 정치적인 목적으로 설립된 산원(産院)과 보육시설인 레벤스보른의 목적은 미래의 독일 제국의 관리를 위하여 엘리트의 육성과 아리안 인종의 기준에 완벽하게 적합한 사람으로 구성된 새로운 세대를 육성하는 것이었다. 즉 당시 나치 정권이 추진하던 인종정책의 일환으로 '순수 아리안족의 피'를 가진 어린이들의 대량 생산을 주된 목표로 삼았던 것이다. 나치즘들은 1944년까지 독일 제국 내뿐만 아니라 점령국 등지에 약 20여 개소의 시설을 설립하여 여기에서 생산된 다량의 아이들을 양육하여 군사력과 경제력을 강화하기 위한 수단으로 이용하려는 의도를 가졌다. 나치 정권은 정통 독일의 '좋은 피'를 가진 인간을 대량으로 생산하기 위해 친위대 대원들에게 '생식 명령'을 내렸으며 그들은 국가에서 선발된 미혼 여성들과 강제로 아이를 생산해야 했다. 그러나 출생한 신생아가 허약하거나 질병이 있거나 혹은 장애아일 경우에는 나치의 '살 가치가 없는 목숨'으로 분류되어 안락사 시설에서 비참하게 희생되었다. 이 과정을 통하여 태어난 아이들이 독일 시설에서만 약 8천 명이었으며, 나치즘들은 유럽의 점령국에서도 아리안족의 이상형과 가까운 외모를 가진 아이들을 납치하여 친위대 가족에게 입양을 시켜 양육하도록 하였다(Van Dijk, 1988).

히틀러의 관점에서 학교는 군복무의 전(前) 단계에 불과하였다. 따라서 나치 독일의 국방군(Wehrmacht)도 마찬가지로 '국가의 학교(Schule der Nation)'라고 불리었다. 특히 이렇게 국가적으로 왜곡된 학교에 대한 인식은 학교의 일상생활에 큰 영향을 주었는데, 모든 교과목에서 전쟁이나 전투 내용이 편재되어 있었다. 이미 1927년에 국가사회주의교사연합회는 국가 사회주의 독일 노동당의 지지 세력으로 기반을 잡았던 것이다. 이후 히틀러가 제국총통으로 임명된 후에 다른 교사 단체의 결성은 모두 금지되었다(Huber, 1986).

바이마르공화국(1919~1933) 시대의 학교제도는 초등학교의 경우에는 각 주(州)가 통치권을 소유하는 관계로 매우 다양하게 구성되어 있었다. 그러나 1934년부터 나치즘의 내무부는 주에 부여된 학교에 관한 통치권을 회수하고 중앙집권화와 더불어 학교제도의 획일화를 시작하였다. 이러한 변화는 1934년 제국교육부(Reichserziehungsministerium)의 설립과 함께 가속화되었다. 1937년부터 나치 정권은 실업고등학교(Oberschule)제도에서 김나지움(Gymnasium)까지의 기간을 12학년으로 줄였으며, 대부분의 남녀공학제도의 폐지 및 교사 교육의 비학문성과 비전문성화 등 학제의 일대 변혁을 이루었다. 1937년에는 제국협약과 배치되는 종교 수업 및 종교 학교들은 폐쇄되었으며 1939년부터 종교교육학 교사양성과정이 중지되었다. 1934년부터 토요일은 '국가청소년의 날(Staatsjugendtag)'로 공포하고 두 시간의 국가정책 관련 수업 외에도 공작 수업 및 스포츠 수업을 실시하였다. 특히 체육 수업은 신체적 단련의 시간으로 나치즘 교육의 아주 중요한 부분을 차지하였고, 이를 주당 다섯 시간을 시간표에 배정을 하였다. 더군다나 체육교사를 학교장으로 부를 정도로 매우 강조하였다. 1935년 1월 15일 교육 및 국민교육부 제국장관인 루스트(Rust, 1883~1945)는 인종학에 관한 교육과정 지침을 공포하여 생물학 교과에 인종학을 첨가하였으며, 모든 다른 교과에서도 마찬가지로 인종학에 대하여 학습하여야 했다. 이 당시 남자 청소년들은 정치군인, 반면에 여자 청소년들은 국가사회주의적인 튼튼한 어머니를 이상형으로 설정하였다. 또한 남자 청소년들에 대한 교육은 의지력, 결단력, 절대 복종심, 과묵성, 책임감 및 군인의 미덕을 전수하는 것이 주요 과제였다. 특히 히틀러는 이미 자신의 저서인 『나의 투쟁(Mein Kampf)』에서 언급된 바와 같이 교육의 학문성이나 인간성 등은 평가절하하였다. 그리고 1930년대 중반에 이전에 설립된 많은 신교육학교가 폐교되었으며, 동시에 학교 수업을 위한 모든 교과서는 나치즘의 세계관과 이념에 부합하도록 제작되었다(Gamm, 1990; Gruettner, 2004).

바이마르공화국 시대와는 달리 1933년 4월 7일의 「직업공무원제 부활법(Gesetz zur Wiederherstellung des Berufsbeamtentums)」과 함께

특히 유대인 출신의 교사와 교수들은 국가직에서 모두 해고되었다. 이후 1935년에는 유대인과 비유대인과의 금혼 조항 등을 규정한 뉘른베르크법(Nuernberger Gesetze)을 통하여 유대인들의 모든 법적 동등권이 삭제되었다. 그뿐만 아니라 독일 내에 거주하는 폴란드 출신의 소수민족들도 국가적인 심한 통제와 차별을 받았으며, 1938년에는 많은 폴란드 출신의 아동들이 학교로부터 추방당하였다. 또한 폴란드인들의 상점들이 문을 닫고 독일인들에게 넘어가 일자리를 잃게 되었다. 이 당시에 독일에는 특히 루르지역(Ruhrgebiet)과 베를린(Berlin)에 약 150,000명의 폴란드인들이 거주하고 있었다고 한다(Muencheberg, 1991).

나치 정권은 독일의 학급당 외국 학생들, 특히 유대인 학생들의 비율을 1.5%로 제한하였다. 이어서 외국 학생들에게 학교 행사 및 수학여행 참여 금지, 학교 부속의 임간(林間)시설의 방문을 허용하지 않았다. 1938년 11월 프로그램에 따라서 공립학교와 대학에 유대인 출신 학생들은 완전히 학업이 금지되었다. 그리고 특수학교의 교사들과 학교 당국은 청소년 강제수용소에 보내질 학생들을 선별하는 데 참여하였다. 더욱이 유대인들은 교육적 차별이 심한 유대인 학교로 강제 이송되었으며 1942년 6월 30일에는 그들에 대한 전면 수업 금지령이 내려졌다. 유대인 출신의 배경을 둔 아동과 청소년들은 대량 학살 시설(Holocaust)에서 무참하게 희생되었으며, 이를 은폐하기 위한 용어로 나치즘은 '유대인 문제의 최종 해결(Endloesung der Judenfrage)'이라고 표현하였다(Ortmeyer, 2009).

한편 독일이 점령한 유럽 국가에서도 학교정책은 인종주의적인 특성들이 매우 강하게 나타났다. 특히 폴란드에는 독일인들이 학교를 건립하고 독일 혈통을 가진 아동들의 독일화와 폴란드 학생들에 대한 분리와 노예화를 교육의 목적으로 설정하였다. 따라서 그들은 폴란드 교육자들을 해고했으며, 나치즘 치하에서 17,000여 명이 살해되었다. 1940년 나치 정권의 친위 대장이었던 힘러는 철저한 인종 차별적인 사상을 바탕으로 '슬라브인들에게는 상급 학교를 허락하면 안 된다. 학교는 이들에게 기껏해야 500까지의 숫자, 자신의 이름 쓰기, 독일인들에게 복종하는 것이 신(神)의 계명이라고 가르치는 일, 부지런함과 용감하게 하는 것, 그리고 읽기는 필요 없는 것으로 본다'라고 언급하였다(Roecher, 1992).

독일 나치 시대의 교육은 당시 정치 이념인 '사회적 다윈주의(social darwinism)'로 철저하게 정신 무장되어 정권에 절대 복종하는 국가적 '노예'를 양성하는 것이 주 목적이었다. 여기에는 인간의 존엄성, 개성, 인성, 관용, 건전한 공동체 의식, 자아실현, 잠재능력 계발 등의 교육적 본질을 찾기는 불가능하였다. 이러한 교육이나 교육활동은 종국에는 각 개인이나 사회를 살리는 교육이 아니라 오히려 인간성을 철저히 말살하고 죽이는 교육이었다. 이처럼 국가의 잘못된 교육정책이나 교육목적 설정은 결국 개인과 사회를 비극적으로 망가뜨릴 뿐만 아니라 그 상처와 고통이 오랫동안 지속되어 악영향을 발휘한다는 것이다. 또 한 가지 경계할 점은 이러한 망령은 오늘날에도 언제 어느 사회에서나 재현될 개연성이 늘 잠재되어 있어 주의를 게을리하지 않아야 할 것이다.

Ⅳ. 독일의 교육목적과 관련된 법률적 근거

IV. 독일의 교육목적과 관련된 법률적 근거

1. 헌법

독일연방공화국의 헌법에 의하면 교육정책은 기본적으로 연방 주(州)의 권한에 해당하는 것으로 정하고 있다. 이는 독일의 학교 제도나 교육정책이 연방 주별로 다양성을 보인다는 의미이다. 그러나 각 주의 교육부 장관들의 정기적인 회의(Kultusministerkonfernz; KMK)를 통하여 때로는 중요한 교육적인 사안들을 통일되게 규정하기도 한다. 여기에는 예를 들어, 특히 학교의 방학 일정 및 기간을 비롯하여 학년의 구분 등이 해당된다. 반면에 각 주별 교육제도나 교육정책상의 다양성은 김나지움의 교육과정, 졸업 시험, 학년의 수(12학년 혹은 13학년), 교과목, 학교 형태, 진학 과정 등의 영역에서 나타난다. 아울러 이러한 다양성은 간헐적으로는 주 내부적으로 차이를 보이기도 하는데, 예를 들어 바덴-뷔르템베르크(Baden-Wuerttemberg) 주의 대부분은 제1외국어가 영어이지만, 프랑스 국경선 인접 지역은 이를 불어로 규정하고 있다.

독일의 헌법에서 교육과 관련된 법령을 살펴보면 다음과 같다. 우선 헌법 전문(前文)은 각 조문 앞에 있는 공포문(公布文)인데, 여기에는 헌법 제정의 역사적 과정, 목적, 헌법 제정권자, 헌법의 지도 이념이나 원리 등을 규정하고 있다. 특히 독일의 건국이념과 헌법제정은 기본적으로 종교적인 차원과 인본주의적 차원을 바탕으로 유럽공동체의 동등한 구성원으로서 세계평화에 이바지하려는 강한 의지를 알 수 있다.

> 하나님과 사람 앞에서 자신의 책임을 의식하는 가운데 통합된 유럽의 동등한 구성원으로서 세계의 평화에 이바지하려는 의지로부터 독일 국민은 자신의 헌법제정기관의 권력에 의거하여 이 헌법이 제정되었다. 바덴-뷔르템베르크, 바이에른, 베를린, 브란덴부르크, 브레멘, 함부르크, 헤센, 메클렌부르크-포어포메른, 니더작센, 노트르라인-베스트팔렌, 라인란트팔츠, 자르란트, 작센, 작센-안할트, 슐레스비히-홀슈타인, 튀링겐 주의 독일인들은 자유로운 자결(自決) 가운데 독일의 통일과 자유를 완성하였다. 이로서 본 헌법은 모든 독일 국민들에게 적용된다.

이어서 헌법 제1조, 제3조 및 제4조는 국민으로서 또는 인간으로서 기본적인 존엄성, 인권, 평등권 등을 규정하고 있다.

무엇보다도 제1조 제1항에는 '인간의 존엄성은 저촉될 수 없다. 이것을 지키는 것이 모든 국가기관의 의무이다'라며 인간의 존엄성에 대하여 가장 먼저 선언적으로 명시하고 있다. 동일한 맥락에서 제2조를 살펴보면 '(1) 각 개인은 다른 사람의 권리를 침해하지 않고 헌법적 질서나 윤리에 저촉되지 않는 한도 내에서 자신의 인성 계발에 대한 권리를 가진다'와 아울러 '(2) 각 개인은 생명과 신체적 온(안)전성에 대한 권리를 가진다. 인격의 자유는

신성불가침이다. 이러한 권리는 일정한 법률을 근거로 해서만 제한될 수 있다.'

이어서 제3조에서는 '(1) 모든 사람은 법 앞에서 평등하다'와 '(2) 남녀는 동등한 권리를 가진다' 그리고 제(3)항에서는 개인적인 배경 특성 가운데 특히 장애로 인한 어떠한 차별을 하는 것을 금지하도록 다음과 같이 정하고 있다. '(3) 아무도 성별, 혈통, 인종, 언어, 고향 및 출신, 신앙, 종교 및 정치관으로 인하여 불이익을 받거나 특혜를 받아서는 안 된다. 누구도 자신의 장애로 인하여 불이익을 받아서는 안 된다'라고 밝히고 있다.

제4조에 따르면 '(1) 신앙, 양심, 종교 및 세계관에서의 자유는 불가침이다'라고 밝혀 양심의 자유를 비롯하여 종교적, 신념의 자유를 보장하고 있음을 알 수 있다.

제6조에는 자녀에 대한 부모의 권리와 의무를 정하고 있는데, '(2) 자녀의 양육과 교육은 부모의 자연스러운 권리이며 그들에게 우선적으로 부여된 의무이다. 부모들의 활동에 대하여 국가공동체가 감독한다'라 정하고 있다. 이어서 부모가 자녀의 종교 수업 선택권을 가짐을 밝히고 있는데, '(2) 양육권자는 자녀가 종교 수업에 참여 여부를 결정할 권리를 가진다'라 하고 있다. 아울러 종교 수업에 있어서 전제 조건이나 종교 수업에 대한 교사의 권리에 대하여 '(3) 종교 수업은 무종파(無宗派)학교를 예외로 하고 공립학교의 정규 교과목이다. 국가적인 감독권에도 불구하고 종교 수업은 종교 공동체의 기본 원칙과 부합하는 가운데 실시된다. 어떤 교사도 자신의 의지에 반하여 종교 수업을 할 의무를 가져서는 안 된다'라고 정하고 있다.

한편 제20조에는 독일의 정치적인 정체성에 대하여 말하고 있는데, 즉 '독일연방공화국은 민주주의적이며 사회적 연방국가이다'라고 명명하고 있다. 아울러 제31조에는 '연방법이 주법(州法)보다 우선한다'라고 정하고 있다. 또한 제70조에 의하면 '각 주(州)는 본 기본권을 연방에 입법권을 양도하지 않는 한 입법에 대한 고유의 권리를 가진다'라고 주 개별적으로 입법권을 인정하고 있다.

이처럼 독일의 연방 헌법의 법령들을 살펴보면 교육이나 교육목적과 관련된 몇 가지 기본 배경적 요소를 살펴볼 수 있다. 우선 헌법상 기본적으로 교육제도나 교육정책에 있어서 중앙집권제가 아니라 연방 정부로부터 부여된 자율(치)권을 통하여 각 주별로 다양성을 찾아볼 수 있다는 점이다. 이어서 헌법 전문에는 무엇보다도 기독교 정신과 인본주의적인 사상을 바탕으로 세계평화에 이바지하고자 하는 법 정신을 기초로 독일의 기본법이 제정되었음을 선포하고 있다. 특히 교육 및 교육활동의 기초적 토대가 되는 요소들과 관련하여 독일 헌법의 가장 전면에는 인간의 절대적인 존엄성을 명시하고 있는 것을 비롯하여 법 앞에서의 평등성, 신앙, 양심, 및 세계관의 자유, 부모의 자녀에 대한 권리와 의무 등을 통하여 규정하고 있다. 더군다나 1994년에는 헌법 개정을 통하여 인간의 다양성 가운데 특히 '장애'와 관련하여 차별 금지 조항을 신설함으로서 장애인의 기본적인 인권을 보장하고 일체의 사회적 차별 행위를 철저히 금지하도록 명문화하였다.

2. 각 주별 헌법

독일연방공화국의 16개 주별 헌법들은 연방 헌법 제31조 및 제70조에 의거하여 대체적으로 통일성과 더불어 다양성을 보이고 있다. 연방 헌법과 각 주별 헌법들 간의 대체적인 공통점을 살펴보면 먼저 기독교 정신 및 인본주의적 배경을 비롯하여 인간의 존엄성 보장, 장애인 차별금지, 동물에 대한 존중 및 보호, 환경보호, 신념이나 종교 등의 자유, 교육 및 수업의 목적, 아동 및 청소년들에 대한 차별 없는 교육적 평등권 및 보호권, 자녀 교육에 대한 부모의 권리와 의무, 종교교육 혹은 윤리교육, 대학의 자율성 및 자치권 등에 관한 법령들을 들 수 있다.

반면에 각 주의 헌법 법령마다 인간의 기본권이나 교육과 관련하여 몇 가지 차이가 보이기도 한다. 예를 들어, 남녀평등에 대하여 구체적으로 주 헌법에서 강조한 연방 주는 바이에른(Bayern) 주를 비롯하여 10개 주이다. 또한 독일 내에 거주하는 소수민족에 대한 보호와 존중권 보장에 대하여 8개 주에서 헌법적인 차원에서 엄격히 명시하고 있다.

독일의 각 주별 헌법에 규정된 교육 및 교육 목적과 관련되어 기본적인 원칙이 되는 법령들을 살펴보면 다음과 같다.

1. 바덴-뷔르템베르크(Baden-Wuerttemberg)

제1장(인간과 국가) 제1조

(1) 인간은 자신을 둘러싼 공동체 가운데서 자신과 다른 사람들의 복

지를 위하여 자유와 기독교적인 윤리의 실현 속에서 자신의 재능을 계발하도록 소명을 받았다.

(2) 국가는 이러한 일에 인간을 도와야 할 과제를 가지고 있다. 국가는 자신의 지역에 거주하는 사람들을 질서 있는 사회로 통합하고 그들에게 안전과 촉진을 보장하며 법과 규범을 통하여 상호적인 권리와 의무의 균형을 이루도록 한다.

제1장(인간과 국가) 제2a조

누구도 자신의 장애로 인하여 불이익을 받아서는 안 된다.

제1장(인간과 국가) 제3b조

동물들은 생명체와 동일한 피조물로서 헌법에 적합한 규정 내에서 존중하고 보호한다.

제3장(교육과 수업) 제11조

(1) 모든 청소년들은 자신의 출신이나 경제적인 형편에 상관없이 자신의 재능에 적합한 교육을 받을 권리를 가진다.

(2)~(4) 생략.

제3장(교육과 수업) 제12조

(1) 청소년들은 하나님께 대한 경외심과 기독교적인 이웃사랑의 정신 가운데서 모든 사람들에 대한 형제애와 평화를 사랑하고 국민과 조국에 대한 사랑과 전통과 정치적인 책임성, 직업 및 사회적인 보장과 자유롭고 민주주의적인 신념으로 교육받아야 한다.

(2) 생략.

제3장(교육과 수업) 제13조

청소년들은 착취, 윤리적, 정신적 혹은 신체적인 위험성으로부터 보호되어야 한다. 국가 및 지방자치단체는 필요한 시설들을 갖추어야 한다. 그들의 과제는 자유로운 복지서비스를 통하여 실현될 수 있다.

제3장(교육과 수업) 제15조

(1), (2) 생략.

(3) 자녀의 교육에 대하여 공동으로 결정하는 부모의 자연스러운 권리는 교육 및 학교제도의 구성 시 고려되어야 한다.

제3장(교육과 수업) 제16조

(1) 기독교 공동체학교에서 아동들은 기독교 및 서양의 교육적 가치와 문화적 가치의 토대 위에서 교육을 한다. 수업은 종교 수업 외에는 함께 실시한다.

(2) 초등학교나 주요 학교의 교사 임명 시에는 학생들의 종교적이고 세계관적인 신념들이 가능한한 고려되어야 한다. 신앙적으로 동일하지 않는 교사들이 불이익을 받아서는 안 된다.

(3) 생략.

제3장(교육과 수업) 제17조

(1) 모든 학교에서는 관용과 사회적 윤리 정신으로 관리하여야 한다.

(2)~(4) 생략.

제3장(교육과 수업) 제18조

종교 수업은 공립학교에서는 정규 교과목이다. 종교 수업은 종교 공동체의 기본 원칙에 따라서 그리고 국가의 일반적인 감독에도 불구하고 종교 공동체로부터 위임받은 사람에 의하여 실시되고 종교 공동체의 감독받아야 한다(이하 생략).

제3장(교육과 수업) 제20조

(1) 대학은 연구와 가르침에 있어서 자유롭다.

(2) 대학은 국가적인 감독권이 있음에도 불구하고 법과 국가적으로 인정된 규정을 근거로 특별한 성격에 적합한 자치권을 가지고 있다.

(3) 생략.

제3장(교육과 수업) 제21조

(1) 청소년들은 학교에서 자유로워야 하며 기꺼이 책임을 질 줄 아는 시민으로 교육을 해야 하며 학교생활의 환경 조성에 참여한다.

(2) 생략.

2. 바이에른(Bayern)

제1부(국가의 성립과 과제) 제8조(모든 독일인의 동등성)

바이에른에 거주지를 둔 독일 국민은 동일한 권리를 가지며 바이에른 국민들과 마찬가지로 동일한 의무를 가진다.

제2부(기본권과 기본 의무) 제98조(기본권 제한)

헌법을 통하여 보장된 기본권은 원칙적으로 제한되어서는 안 된다. 법을 통한 제한은 만일에 사회적 안전, 윤리, 건강과 복지가 이를 강제적으로 요구되는 경우에만 허용이 된다. 그 외의 한은 단지 48조의 전제 조건 아래에서만 허용이 된다(이하 생략).

제2부(기본권과 기본 의무) 제100조(인간 존엄성)

인간의 존엄성은 저촉될 수 없다. 이것을 존중하고 보호하는 것이 모든 국가 기관의 의무이다.

제2부(기본권과 기본 의무) 제118조(법 앞에서 평등성)

(1) 법 앞에서 모든 사람은 평등하다. 법률은 각자에게 동일한 방법으로 의무를 지우며, 각자에게 동일한 방법으로 법의 보호를 누린다.

(2) 여성과 남성은 동등한 권리를 가진다. 국가는 실제적인 남녀의 평등권 실행을 촉진하고 발생하는 불이익을 제거하여야 한다.

(3)~(5) 생략.

제2부(기본권과 기본 의무) 제118a조(법 앞에서 평등성)

장애인들은 불이익을 받아서는 안 된다. 국가는 장애인과 비장애인들의 동등한 삶의 환경을 위해 노력해야 한다.

제2부(기본권과 기본 의무) 제119조(인종 및 민족 증오)

인종이나 민족에 대한 증오를 선동하는 것은 금지되며 처벌받을 수 있다.

제3부(공동체 생활) 제125조(가족의 보호)

(1) 아동들은 국민의 가장 귀중한 재산이다. 모든 어머니는 국가에 대하여 아동의 보호와 양육에 대한 요구권을 가진다. 그들은 자녀들이 자기결정력과 책임감 있는 인성을 가지고 발전하도록 요구권을 가진다.

(2), (3) 생략.

제3부(공동체 생활) 제131조(교육의 목적)

(1) 학교는 지식이나 능력뿐만 아니라 정서와 품성을 도야해야 한다.

(2) 최고의 교육목적은 하나님을 경외하고 종교적 신념과 인간의 존엄성을 존중하며 극기(克己), 책임감, 기꺼이 책임을 지는 마음, 도우려는 자세, 모든 진실, 선, 미에 대한 개방적 사고와 자연과 환경에 대한 책임 의식이다.

(3) 학생들은 민주주의적 정신과 바이에른 및 독일 국민에 대한 사랑과 민족 간 화해의 정신 가운데서 교육을 받는다.

(4) 남자아이와 여자아이들에게 유아보육, 아동교육 및 가정경제에 대하여 가르친다.

제3부(공동체 생활) 제136조(종교적 감정의 존중, 종교 수업의 보장)

(1) 모든 학교에서 수업을 할 때에 학생들의 종교적인 민감성을 존중해야한다.

(2) 종교 수업은 모든 초등학교, 직업학교, 중등 교육과정에서 정규교과목이다. 종교 수업은 관계되는 종교 공동체의 기본 원칙과 부합되는 가운데 실시한다.

(3) 어떤 교사도 종교 수업을 하도록 강요당하거나 방해를 받아서는 안 된다.

(4), (5) 생략.

제3부(공동체 생활) 제137조(종교 수업의 자율적 참여)

(1) 종교 수업이나 교회적인 활동이나 참여는 부모의 의사표시로 결정하는데, 만 18세부터는 학생 자신의 의사에 위임된다.

(2) 종교 수업에 참여하지 않는 학생들을 위하여 윤리와 관련되며 일반적으로 인정되는 기본 원리에 대한 수업을 개설한다.

3. 베를린(Berlin)

제1장(기초) 제1조

(1) 베를린은 독일의 땅이며 동시에 한 도시이다.

(2) 베를린은 독일연방공화국의 한 주(州)이다.

(3) 독일연방공화국의 헌법과 법률들이 베를린에 대하여 구속력을 가지고 있다.

제2장(기본권, 국가의 목적) 제6조

인간의 존엄성은 저촉될 수 없다. 이것을 존중하고 보호하는 것이 모든 국가기관의 의무이다.

제2장(기본권, 국가의 목적) 제7조

각 개인은 다른 사람들의 권리를 침해하지 않고 헌법적 규정에 반하지 않으며 윤리에 저촉되지 않는 한 인격의 자유로운 계발에 대한 권리를 가진다.

제2장(기본권, 국가의 목적) 제10조

(1) 만인은 법 앞에서 평등하다.

(2) 아무도 자신의 성(性), 출신, 인종, 언어, 고향 및 출생, 신념, 종교적, 정치적 세계관 및 성적 정체성으로 말미암아 불이익을 받거나 특혜를 받아서는 안 된다.

(3) 여성과 남성은 동등하다. 주(州)는 남성과 여성의 동등성과 사회적 생활에 있어서 모든 영역에 대하여 동등한 참여를 조성하고 보장하여야 한다.

제2장(기본권, 국가의 목적) 제11조

장애인들은 불이익을 받아서는 안 된다. 주(州)는 장애인과 비장애인들의 동등한 생활 조건을 조성할 의무를 가진다.

제2장(기본권, 국가의 목적) 제12조

(1), (2) 생략

(3) 자녀에 대한 양육과 교육은 부모의 자연스러운 권리이며 그들에게 가장 앞선 의무이다.

(4)~(7) 생략.

제2장(기본권, 국가의 목적) 제20조

(1) 각 개인은 교육권을 가진다. 주(州)는 법 규정에 의거하여 각 개

인의 공립교육기관에 입학을 가능하게 하고 촉진해야 한다.

(2) 생략.

제2장(기본권, 국가의 목적) 제29조

(1) 신앙의 자유, 양심의 자유, 종교적 세계관적 신념의 자유는 침해될 수 없다. 방해받지 않는 종교 활동이 보장되어 있다.

(2) 인종차별이나 국적 혹은 종교적 증오를 선동하는 것은 헌법 정신에 위배되며 처벌될 수 있다.

제2장(기본권, 국가의 목적) 제31조

(1) 환경과 자연스러운 삶의 터전들은 주(州)의 특별한 보호 아래 둔다.

(2) 동물들은 생명체로서 존중해야 하며 피할 수 있는 고통으로부터 보호한다.

4. 브란덴부르크(Brandenburg)

제2부(기본권, 국가의 목적) 제7조(인간 존엄성 보호)

(1) 인간의 존엄성은 저촉될 수 없다. 이것을 존중하고 보호하는 것이 모든 국가기관의 의무이며 연대성을 가진 공동체의 기초이다.

(2) 생략.

제2부(기본권, 국가의 목적) 제8조(생명권)

(1) 모든 사람은 생명과 신체적 온전성 및 죽음에 있어서 존엄성을 존중받을 권리를 가진다. 생명과 신체적 온정성에 대한 권리는 단

지 법적인 근거로만 개입이 허락된다.

(2) 태아 생명의 보호를 위하여 특히 포괄적인 계몽, 무료 상담 및 사회적 부조를 통하여 관리된다.

(3) 아무도 비참하게, 비인간적이고, 모욕적인 대우나 벌 혹은 자유의지나 표현상의 동의 없이 의학적이거나 혹은 학문적인 실험에 예속되어서는 안 된다.

제2부(기본권, 국가의 목적) 제10조(인성의 자유로운 계발)

모든 사람은 다른 사람의 권리를 침해하지 않고 헌법에 위배되지 않으며 관련법에 저촉되지 않는 한도 내에서 자신의 인성의 자유로운 계발에 대한 권리를 가진다.

제2부(기본권, 국가의 목적) 제25조(소르브(벤트)인의 권리)

(1) 소르브 국민들의 국민 정체성과 전통적인 거주지역의 보호, 유지 및 관리에 대한 권리는 보장된다. 주(州), 지방자치단체와 행정연합회는 특히 문화적인 독특성과 소르브 민족들의 실제적인 정치적 협력에 대한 권리의 실현을 촉진한다.

(2) 생략.

(3) 소르브인들은 사회생활과 학교 및 유치원에서의 수업에서 소르브인들의 언어와 문화의 유지와 촉진에 대한 권리를 가진다.

(4) 소르브인들의 거주 지역에서 소르브 언어를 공립학교에서 공식적으로 사용한다.

(5) 생략.

제2부(기본권, 국가의 목적) 제27조(아동 및 청소년의 보호와 교육)

(1) 아동들은 독립적인 인격체로서 존엄성에 대한 존중권을 가진다.

(2) 부모들은 자녀의 교육에 대한 의무와 권리를 가진다.

(3)~(8) 생략.

제2부(기본권, 국가의 목적) 제28조(교육의 기본 원칙)

(1) 교육은 인성, 독립적 사고와 행동, 타인의 신앙이나 신념, 존엄성, 민주주의와 자유, 사회적 정의에 대한 의지의 존중, 다양한 문화와 민족 간의 공동체적인 삶에서 평화와 연대성 및 자연과 환경에 대한 책임의식을 촉진할 과제를 가진다.

제2부(기본권, 국가의 목적) 제29조(교육권)

(1) 모든 사람은 교육받을 권리를 가진다.

(2) 생략.

(3) 모든 사람은 자신의 경제적, 사회적 위치나 자신의 정치적 신념 등과 상관없이 공립교육기관으로의 동일한 입학권을 가진다. 재능아, 사회적으로 불이익을 당하는 사람, 장애인들은 특별히 촉진되어야 한다.

제2부(기본권, 국가의 목적) 제32조(대학)

(1) 대학은 법규정에 교수, 경영자, 학생들이 참여하는 자치행정에 대한 권리를 가진다.

(2)~(5) 생략.

제2부(기본권, 국가의 목적) 제39조(자연스러운 생활 토대)

(1) 자연, 환경 및 문화경관에 대한 보호는 현재와 미래 삶의 기초로서 주와 모든 사람들의 의무이다.

(2)~(9) 생략.

5. 브레멘(Bremen)

제1조

입법, 행정, 사법은 윤리와 인간성의 규범과 연결되어 있다.

제2조

(1) 모든 사람들은 법 앞에서 평등하고 동일한 경제적, 문화적 발달 가능성에 대한 권리를 가지고 있다.

(2) 누구도 자신의 성(性), 출신, 인종, 언어, 고향, 출생, 신앙, 사회적 위치, 성적 정체성, 종교적 및 정치적 세계관 등으로 인하여 특혜를 받거나 불이익을 받아서는 안 된다.

(3) 누구도 자신의 장애로 인하여 불이익을 받아서는 안 된다. 장애인들은 국가의 특별한 보호 아래에 있다. 국가는 그들의 사회생활에 동등한 참여를 촉진하고 불이익을 제거하기 노력한다.

(4) 여성과 남성은 동등한 권리를 가진다. 주(州), 시 및 다른 공공기관은 국가와 사회에서 두 성의 동등한 참여를 위하여 효과적인 조치를 취할 의무를 가진다(이하 생략).

제3조

(1) 모든 사람은 자유롭다. 자신의 행동이 다른 사람의 권리를 침해해서는 안 되며 공동복지에 저촉되어서도 안 된다.

(2) 자유는 단지 법으로 제한이 될 수 있는데, 이는 공공의 안전, 윤리, 건강 및 복지가 이를 원하는 경우를 말한다.

(3) 생략.

제11a조

(1) 국가, 지방자치단체, 공공기관은 자연스러운 생활 터전에 대한 책임을 진다. 따라서 그들의 우선적인 과제는 땅, 물, 공기를 지키는 것이고 천연자원과 에너지를 절약하고 향토의 동,식물과 주변환경을 보존하고 유지해야 하는 것이다.

(2) 생략.

제11b조

동물들은 생명체 및 동일한 피조물로서 존중되어야 한다. 동물들은 종의 특성에 맞지 않는 태도나 피할 수 있는 고통으로부터 보호되어야 한다.

제22조

(1) 부부와 가족은 공동체 생활에서 기초를 이룬다. 따라서 그들은 국가의 보호와 촉진에 대한 요구권을 가진다.

(2) 생략.

제23조

(1) 부모는 자녀를 바르게 키우고 생활력이 있도록 교육할 권리와 의무를 갖는다. 국가와 지방자치단체는 그들에게 이를 위하여 필요한 도움을 제공한다.

(2), (3) 생략.

제25조

(1) 모든 아동은 인성의 발달과 계발, 무폭력적인 교육, 폭력, 방치 및 착취로부터 특별한 보호를 받을 권리를 가진다. 국가 공동체는 아동의 권리를 존중하고 보호하고 촉진하며 아동에게 적합한 생활 조건을 제공하도록 노력한다.

(2) 국가의 과제는 청소년들을 착취나 신체적, 정신적 혹은 윤리적인 무방비에서 보호하는 것이다.

(3) 생략.

제26조

청소년들의 교육은 실제로 다음과 같은 과제를 가진다.

1. 모든 인간의 존엄성에 대한 존중, 사회적 정의에 대한 의지, 정치적인 책임의식, 다른 의견을 가진 사람들에 대한 공정성과 관용, 다른 사람이나 민족들과 평화적인 공동 협력을 하는 데에서 기인하는 공동체적 의식에 대한 교육
2. 직업 세계로 입문하기 위하여 요구되는 지식과 능력을 구비한 노동 의지에 대한 교육
3. 개인적 사고, 진리에 대한 존중, 그것을 고백할 수 있는 용기와

옳고 필요한 것에 대하여 행하게 하는 교육

4. 자기 민족과 외국 민족들의 문화적인 생활에 참여하도록 하는 교육
5. 자연과 환경에 대한 책임의식을 함양하는 교육

第27조

(1) 모든 사람들은 자신의 재능 특성에 따라서 교육에 대한 동등한 권리를 가진다.
(2) 이 권리는 공립 기관을 통하여 보장된다.

第32조

(1) 생략.
(2) 성경역사 수업은 단지 공지된 교사에 의하여 진행한다. 이 수업에 대한 아동의 참여결정은 부모들이 한다.
(3) 생략.

第33조

모든 학교에서는 관용의 원칙이 지배한다. 교사는 이 과목에 있어서 모든 학생들의 종교적, 세계관적인 민감성을 고려한다.

第34조

대학은 일반적으로 국립이다. 대학은 또한 다른 주의 공동체나 다른 주의 대학의 분교로 설립하고 운영할 수 있다.

6. 함부르크(Hamburg)

제1부(국가 기초) 3조

(1) 자유 및 한자동맹 도시인 함부르크는 민주주의적이고 사회적 법치국가이다.

(2) 모든 국가 권력은 국민으로부터 나온다. 국가권력은 헌법과 각종 법률의 규범에 따라서 행사가 된다. 국가권력은 남자와 여자의 실제적이고 법적인 동등성을 촉진할 과제도 가진다(이하 생략).

7. 헤센(Hessen)

제1부(인권) 제1조

모든 인간은 성의 차이, 인종, 종교적, 정치적인 신념과 상관없이 법 앞에서 평등하다.

제1부(인권) 제2조

인간은 자유롭다. 다른 사람들의 권리를 침범하지 않거나 공동단체의 헌법적 질서를 침해하지 않는 경우에는 그것이 허용된다(이하 생략).

제1부(인권) 제3조

인간의 생명, 건강, 명예는 저촉될 수 없다.

제1부(인권) 제26조

인간의 자연스러운 생활 터전은 국가와 지방자치단체의 보호 아래 있다.

제1부(인권) 제55조

상식(常識)을 비롯하여 신체적, 정신적 혹은 심리적으로 유능하게 하기 위한 청소년들의 교육은 부모의 권리이자 의무이다. 이 권리는 단지 법률의 규정에 따라서 판결을 통하여 빼길 수 도 있다.

제1부(인권) 제56조

(생략) … 모든 수업은 기본적으로 관용을 기초로 한다. 교사는 모든 교과목에서 모든 아동들의 종교적이고 세계관적인 민감성을 고려하며 종교적이고 세계관적인 견해들을 공정하게 다룬다. 교육의 목적은 아동으로 하여금 윤리적인 인성을 형성하게 하고 자신의 직업적인 유능성과 정치적인 책임감을 준비하는 것이며, 경외심, 이웃 사랑, 존중, 관용, 준법성과 진리를 통하여 국민과 인류에 대하여 독립적이고 책임감 있는 활동을 하도록 하는 데 있다. 역사 수업은 과거의 정확하고 거짓이 없는 진술을 해야 한다. (중략)… 부모들은 수업제도의 구성 시에 함께 결정할 권리를 가진다(이하 생략).

제1부(인권) 제57조

종교 수업은 정규 교과목이다. 교사는 종교 수업에서 국가적인 감독권이 있음에도 불구하고 자신의 교회나 종교 공동체의 교리와 규정에 따른다.

제1부(인권) 제58조

종교 수업에 대한 자녀의 참여 여부에 대하여 부모가 결정한다. 어떤 교사도 종교 수업을 해야 할 의무를 가지거나 방해받을 수 없다.

8. 메클렌부르크-포어포메른(Mecklenburg-Vorpommern)

제2부(기본권) 제5조(인권, 헌법적 기본권의 적용)

(1) 메클렌부르크-포어포메른 주의 국민은 국가공동체와 평화 및 정의의 토대로 인권을 인정한다.

(2) 메클렌부르크-포어포메른 주는 인간을 위하여 존재한다. 즉 이 나라에 살고 있거나 혹은 여기에 거주하는 모든 사람들의 존엄성을 존중하고 지켜야 한다.

(3) 생략.

제2부(기본권) 제8조(교육제도에서의 기회균등)

(1) 모든 사람들은 자신의 경제적, 사회적인 형편이나 세계관적 혹은 정치적인 신념과 상관없이 자신의 재능에 따라서 공립학교에 자유롭게 입학할 수 있는 권리를 가진다. 구체적인 것은 법으로 정하고 있다.

제3부(국가의 목적) 제11조(유럽적 통합, 국경을 초월한 협력)

(1) 메클렌부르크-포어포메른 주는 자신의 책임 규정 내에서 유럽적 통합을 실현하고 국경을 초월한, 특히 발트해 지역과의 협력을 촉진하는 목적을 가진다.

제3부(국가의 목적) 제12조(환경보호)

(1) 주, 지방자치단체, 구(區) 및 공공기관은 책임 규정 내에서 현재와 미래 삶의 자연 환경과 동물들을 지키고 관리를 한다.

(2)~(5) 생략.

제3부(국가의 목적) 제13조(남녀평등의 촉진)

남녀의 실제적인 평등의 촉진이 주, 지방자치단체, 구(區) 및 공공기관의 과제이다(이하 생략).

제3부(국가의 목적) 제15조(학교제도)

(1) 총체적인 학교제도는 주(州)의 감독 하에 있다.

(2)~(3) 생략.

(4) 학교교육의 목적은 생명에 대한 경외와 관용의 정신을 바탕으로 하는 자유로운 인성의 발달과 다른 사람이나 다른 민족 혹은 미래 세대에 대한 책임감을 가지도록 하는 것이다.

(5) 학교는 학생, 부모 및 교사들의 종교적, 세계관적 신념을 존중한다.

(6) 구체적인 것은 법으로 정한다.

제3부(국가의 목적) 제17a조(노인 및 장애인에 대한 보호)

(1) 주, 지방자치단체, 구는 노인과 장애인들에 대하여 특별한 보호를 보장한다. 사회적 부조와 보호 및 국가적, 지방자치단체적인 규정들은 그들이 평등하고 자기 책임적인 인생을 조성하는 데 조력한다.

제3부(국가의 목적) 제18조(소수민족)

독일 국적의 시민들 가운데 인종적으로 소수민족들의 문화적 독립성은 주(州)의 특별한 보호 아래 있다.

9. 니더작센(Niedersachsen)

제1장(국가권력의 기초, 기본권과 국가의 목적) 제3조(기본권)

(1) 니더작센의 국민은 국가공동체, 평화 및 정의의 기초로 인권을 인정한다.

(2) 생략.

(3) 아무도 자신의 성(性), 출신, 인종, 언어, 고향, 출생, 신앙, 종교 및 정치적인 신념으로 인하여 불이익을 받거나 특혜를 받아서는 안 된다. 누구도 자신의 장애로 인하여 불이익을 받아서는 안 된다.

제1장(국가권력의 기초, 기본권과 국가의 목적) 제4조(교육권, 학교제도)

(1) 모든 사람은 교육권을 가진다.

(2)~(4) 생략.

제1장(국가권력의 기초, 기본권과 국가의 목적) 제4a조(아동 및 청소년들의 보호 및 교육)

(1) 아동 및 청소년들은 독립적인 인격체로서 존엄과 무폭력적인 교육에 대한 권리를 가진다.

(2) 아동 및 청소년을 교육하는 자는 국가적인 도움이나 배려에 대한 적합한 요구권을 가진다. 국가와 사회는 연령에 적합한 생활 조

건을 갖추도록 노력하여야 한다.

(3) 아동 및 청소년들은 신체적, 정신적인 방치나 학대가 예방되어야 한다.

제1장(국가권력의 기초, 기본권과 국가의 목적) 제5조(학문, 대학)

(1) 주는 학문을 보호하고 촉진한다.

(2) 주는 대학 및 기타 다른 학문적인 기관들을 운영하고 촉진한다.

(3) 대학은 법의 범위 내에서 자치권을 가진다.

(4) 구체적인 것은 법이 규정한다.

제1장(국가권력의 기초, 기본권과 국가의 목적) 제6b조(동물보호)

동물들은 생명체로서 존중되고 보호된다.

10. 노트르라인-베스트팔렌(Nordrhein-Westfalen)

제2부(기본권과 공동체 생활의 규정) 제5조(가족)

(1) 부부와 가족은 인간 사회의 기초로 인정된다. 이는 주의 특별한 보호 아래에 있다. 어머니와 다자녀 가족은 특별한 보호 요구권을 가진다.

(2) 생략.

제2부(기본권과 공동체 생활의 규정) 제6조(아동 및 청소년)

(1) 모든 아동은 독립적인 인격체로서 존중을 받을 권리와 국가와 사회의 특별한 보호를 받을 권리를 가진다.

(2) 아동 및 청소년들은 자신의 인성의 발달과 계발, 무폭력적인 교육과 폭력이나 방임 및 착취로부터 보호받을 권리를 가진다. 국가와 사회는 그들을 신체적, 정신적, 심리적인 복지를 위한 위험으로부터 보호한다. 그들은 아동 및 청소년들의 권리를 존중하고 보장하며, 연령에 적합한 생활 조건을 고려하고 잠재력과 능력에 따라서 촉진한다.

(3) 모든 청소년들은 직업교육이나 직업 활동을 위한 포괄적인 가능성들을 보장한다.

(4) 생략.

제2부(기본권과 공동체생활의 규정) 제7조

(1) 하나님께 대한 경외심, 인간의 존엄성에 대한 존중과 사회적 행동을 할 준비성을 일깨우는 것이 교육의 최고의 목적이다.

(2) 청소년들은 인간애적이고 민주주의적이며 자유의 정신을 바탕으로 관용, 다른 사람의 신념을 존중하고 동물에 대한 책임과 자연적인 삶의 터전의 유지, 국민과 고국에 대한 사랑, 민족공동체와 평화주의적인 사람으로 교육한다.

제2부(기본권과 공동체 생활의 규정) 제8조

(1) 모든 아동들은 교육에 대한 청구권을 가지고 있다. 자녀의 교육에 대하여 결정하는 부모의 자연스러운 권리는 교육 및 학교제도의 기초를 이룬다.

(2)~(4) 생략.

제2부(기본권과 공동체 생활의 규정) 제13조

종교적인 신념으로 인하여 다른 적당한 학교가 없는 경우에 어떤 아동도 공립학교에 입학하는 것을 거절해서는 안 된다.

제2부(기본권과 공동체 생활의 규정) 제14조

(1) 종교 수업은 세계관 학교를 제외하고는 모든 학교의 정규 교과목이다. 종교적인 지도를 하기 위하여 교사는 교회나 종교 공동체를 통하여 전권을 위임받아야 한다. 어떤 교사도 종교 수업을 실행하는 데 강제되어서는 안 된다.

(2), (3) 생략.

(4) 종교 수업의 면제는 부모의 서면에 의한 의사표시로 하거나 혹은 학생의 종교적인 결정권에 따른다.

제2부(기본권과 공동체 생활의 규정) 제16조

(1) 연구와 가르침의 장소인 대학은 국가적인 감독에도 불구하고 법률과 국가적으로 인정된 규정을 근거로 대학의 특별한 성격에 적합한 자치권을 가진다.

(2) 생략.

제2부(기본권과 공동체생활의 규정) 제29a조

(1) 자연스러운 생활 터전(자연환경)과 동물들은 주, 지방자치단체 및 지역연합회의 보호 아래 둔다.

(2) 생략.

11. 라인란트-팔츠(Rheinland-Pfalz)

제1부(기본권과 기본 의무) 제1조(인간의 자유, 국가의 책무)

(1) 인간은 자유롭다. 인간은 자신의 신체적, 정신적인 잠재능력의 발전과 자연스러운 윤리를 통하여 주어진 범위 내에서 자신의 인성에 대해 자유롭게 계발할 권리를 가진다.

(2) 국가는 인간의 개인적 자유와 독립성을 지키고 개인과 국내 공동체의 복지를 공익의 실현을 통하여 촉진할 책무성을 가진다.

(3), (4) 생략.

제1부(기본권과 기본 의무) 제3조(생명의 불가침, 신체적 온전성)

(1) 인간의 생명은 저촉될 수 없다.

(2) 태아의 생명을 보호하기 위하여 특히 포괄적인 계몽, 상담 및 사회적 도움을 통하여 돌본다.

(3) 신체적인 온전성에 대한 개입은 단지 법적인 근거로만 허용된다.

제1부(기본권과 기본 의무) 제17조(법 앞에 평등, 동등권)

(1) 모든 사람은 법 앞에서 평등하다.

(2) 생략.

(3) 여성과 남성은 동등하다. 국가는 국가나 사회에서 특히 직업, 교육, 가족 및 사회적 안전망에서 여성과 남성의 동등성을 위한 조치를 취한다.

(4) 국가는 인종적이거나 언어적인 소수인들을 존중한다.

제1부(기본권과 기본 의무) 제25조(부모의 권리, 청소년 보호)

(1) 부모는 자녀를 신체적으로, 윤리적으로, 사회적으로 유능하게 교육할 자연스런 권리와 최고의 의무를 가진다. 국가와 지방자치단체는 부모의 교육활동을 감독하고 지원할 권리와 의무를 가진다.

(2) 청소년들은 착취, 윤리적, 정신적 혹은 신체적인 방임에 대하여 국가적이며 지역적인 조치와 기관을 통하여 보호하여야 한다.

(3) 생략.

제1부(기본권과 기본 의무) 제27조(부모의 권리와 학교제도)

(1) 부모의 자녀의 교육에 있어서 결정할 자연스러운 권리는 학교제도의 구성의 기초를 형성한다.

(2), (3) 생략.

제1부(기본권과 기본 의무) 제31조(영재아 조력)

모든 아동에게 자신의 재능에 적합한 교육을 위하여 조력하여야 한다. 영재아는 상급 혹은 대학을 다니는 것이 가능하도록 해야 한다.

제1부(기본권과 기본 의무) 제33조(학교교육의 기본원칙)

학교는 청소년들로 하여금 하나님을 경외하고 이웃을 사랑하며 존중과 배려, 공정성과 진실성, 국민과 조국에 대한 사랑, 자연과 환경에 대한 책임의식, 윤리적 태도 및 직업적 유능성과 국민 화합적인 정신을 바탕으로 자유롭고 민주주의적인 사상을 교육하여야 한다.

제1부(기본권과 기본 의무) 제34조(종교 수업)

(1) 종교 수업은 무종파 사립학교를 제외하고는 모든 학교에서 정규 교과목이다. 종교 수업은 관련 교회나 종교 공동체의 교리나 규정에 부합하는 가운데 실시된다. 종교 수업의 교육과정과 교재는 관련 교회나 종교 공동체의 합의를 바탕으로 정해진다. 어떤 교사도 종교 수업을 하도록 강요되거나 방해를 받아서는 안 된다(이하 생략).

제1부(기본권과 기본 의무) 제35조(종교 수업 참여)

(1) 종교 수업에 대한 참여 여부는 부모나 혹은 청소년의 의지표명을 통하여 법적인 조치에 따라서 거부할 수 있다.

(2) 종교 수업에 참여하지 않는 청소년들을 위하여 자연스러운 윤리의 일반적인 기본원칙에 대한 수업이 실시된다.

제1부(기본권과 기본 의무) 제39조(대학제도)

(1) 대학은 자치의 권리를 가진다. 연구, 교수(教授)의 자유는 보장된다. 국립대학에 있는 신학부는 유지된다.

(2)~(6) 생략.

제1부(기본권과 기본 의무) 제64조(장애인의 통합)

주, 지방자치단체, 지역연합회는 장애인들의 불이익을 예방하고 통합과 삶의 환경 가운데서 동등성을 보장하도록 노력한다.

제1부(기본권과 기본 의무) 제69조(환경보호)

(1) 자연과 환경은 현재와 미래 삶의 기초로서 자연과 환경보호는 모든 사람, 주, 지방자치단체 및 지역연합회의 의무이다.

(2), (3) 생략.

제1부(기본권과 기본 의무) 제70조(동물 보호)

동물들은 동일한 피조물로서 존중된다. 동물들은 법적 테두리 안에서 피할 수 있는 고통과 피해를 예방한다.

12. 자르란트(Saarland)

제1부(기본 권리와 기본 의무) 제1조

모든 사람은 개별적인 인간으로서 존중받아야 한다. 생명, 자유 인간 존엄성의 인정에 대한 권리는 공동체의 질서를 정한다.

제1부(기본 권리와 기본 의무) 제3조

인간의 자유는 저촉될 수 없다. 단지 법을 통해서만 그것이 제한될 수 있다.

제1부(기본 권리와 기본 의무) 제12조

(1) 모든 사람은 법 앞에서 평등하다.

(2) 여성과 남성은 동등하다. 주, 지방자치단체, 지역협의회와 그 밖의 공공권력은 동등권의 실제적인 실천을 촉진하고 발생하는 불이익을 제거하도록 한다.

(3) 아무도 자신의 성(性), 출신, 인종, 언어, 고향 그리고 출생, 신앙, 종교적이거나 정치적인 세계관으로 인하여 불이익을 받거나 차별받아서는 안 된다.

(4) 아무도 자신의 장애로 인하여 불이익을 받아서는 안 된다.

제1부(기본 권리와 기본 의무) 제22조

부부나 가족은 국가의 특별한 보호와 촉진을 누린다.

제1부(기본 권리와 기본 의무) 제24조

(1) 신체적, 정신적, 심리적 혹은 사회적인 유능성을 위한 아동들의 돌봄과 교육은 부모의 자연스러운 권리이자 그들에게 부여된 최고의 의무이다. 그들은 독립적이고 책임감 있는 행동을 위하여 아동들의 성장하는 능력을 존중하고 촉진한다. 아동들의 돌봄과 교육에서 부모들은 국가의 지원이나 보호를 누린다.

(2), (3) 생략.

제1부(기본 권리와 기본 의무) 제24a조

(1) 모든 아동은 자신의 존엄성의 존중, 자신의 인성의 발달과 계발, 교육과 공동체 능력을 스스로 책임지기 위해 무폭력적인 교육에 대한 권리를 가진다.

(2) 모든 아동은 폭력, 방임, 착취 및 신체적, 정신적 혹은 윤리적인 방치에 대하여 특별히 보호받을 권리를 가진다.

제1부(기본 권리와 기본 의무) 제26조

수업과 교육은 청소년들로 하여금 그가 가족이나 공동체에서 자신의 과제를 완성할 수 있도록 양성하는 것이 목적이다. 기독교적인 윤리의 기초 위에서 부모는 자녀의 교육을 결정할 권리를 가진다. 교회와 종교 공동체는 교육기관으로 인정한다.

제1부(기본 권리와 기본 의무) 제29조

종교 수업은 모든 공립학교에서 정규 교과목이다. 종교 수업은 관련 교회나 종교 공동체의 교리나 규정과의 합의와 요청을 통하여 이루어진다. 교회나 종교 공동체는 국가적인 감독관청과 합의를 통하여 종교 수업의 실시를 관리한다. 종교 수업을 위한 교육과정이나 교재는 국가적인 감독관청의 허락을 필요로 한다.

부모는 종교 수업에 대한 자녀의 참여를 거부할 수 있다. 이러한 거부는 청소년이 만 18세가 되면 스스로도 결정할 수 있다.

제1부(기본 권리와 기본 의무) 제30조

청소년은 하나님께 대한 경외와 기독교적인 이웃사랑과 민족 화합, 고향, 국민 및 조국에 대한 사랑, 자연스러운 생활 터전과의 세심한 관리, 윤리적이고 정치적인 책임감, 직업적이고 사회적인 유지와 자유롭고 민주주의적인 신념의 정신 가운데 교육된다.

제1부(기본 권리와 기본 의무) 제59a조

(1) 자연스러운 생활 터전(자연)의 보호는 국가와 각 개인의 특별한 관리에 맡겨진다(이하 생략).

(2) 생략.

(3) 동물은 생명체와 동일한 피조물로서 존중하고 보호되어야 한다.

13. 작센(Sachsen)

제1부(국가의 기초) 제6조(소르브 국민)

(1) 주(州)에 살고 있는 소르브 민족에 속한 시민들은 국민과 동등하다. 주는 그들의 정체성의 보존, 전통적인 언어, 문화, 습관의 발달과 관리에 대한 권리를, 특히 학교, 유치원 혹은 문화시설을 통해 보장, 보호한다.

(2), (3) 생략.

제1부(국가의 기초) 제7조(국가목적으로서 인간 존엄적 존재)

(1) 주는 인간 존엄적인 존재에 대한 각 개인의 권리를 인정한다. 특히 직업, 적당한 거주 공간, 적당한 생계, 사회적 안전과 교육에 대한 권리가 국가의 목적으로 인정한다.

(2) 주는 공동체의 의무로 노인 및 장애인들을 지원하는 것과 그들의 생활환경을 동등하게 하도록 노력하는 것을 밝힌다.

제1부(기본 권리와 기본 의무) 제8조(남여의 평등성 촉진)

남녀의 법적이고 실제적인 평등성의 촉진은 주의 과제이다.

제1부(기본 권리와 기본 의무) 제9조(아동 및 청소년 보호)

(1) 주는 건강한 정신, 정서, 신체적인 발달에 대한 개개인 아동의

권리를 인정한다.

(2) 청소년들은 윤리적, 정신적, 신체적인 위험성에 대하여 특별히 보호한다.

(3) 생략.

제1부(기본 권리와 기본 의무) 제10조(환경 및 국토 보호)

(1) 삶의 기초로 환경에 대한 보호는 다음 세대를 위한 책임 가운데서 주(州)와 주의 모든 사람들의 의무이다(이하 생략).

(2)~(3) 생략.

제2부(기본권) 제14조(인간의 존엄성)

(1) 인간의 존엄성은 저촉될 수 없다. 이것을 존중하고 지키는 것은 모든 국가권력의 의무이다.

(2) 인간 존엄성의 불가침은 모든 기본권의 근원이다.

제2부(기본권) 제16조(생명권)

(1) 모든 사람은 생명, 신체적인 온전성에 대한 권리를 가진다. 인간의 자유는 저촉될 수 없다. 이러한 권리에는 단지 법을 근거로 제한될 수 있다.

(2) 생략.

제2부(기본권) 제18조

(1) 모든 사람은 법 앞에서 평등하다.

(2) 남녀는 동등하다.

(3) 누구도 자신의 성(性), 출생, 인종, 언어, 고향 및 출신, 신앙, 종교적이거나 정치적인 세계관으로 인해 불이익을 받거나 특혜를 받아서는 안 된다.

제2부(기본권) 제29조(교육적 자유)

(1) 모든 시민들은 교육기관을 자유롭게 선택할 권리를 가진다.

(2) 모든 시민들은 공립교육기관에 동일하게 입학할 권리를 가진다.

제9부(교육제도) 제101조(교육목적)

(1) 청소년들은 모든 생명체에 대한 경외, 이웃사랑, 평화, 환경 보존, 향토애, 윤리적이고 정치적인 책임의식, 정의, 다른 사람들의 신념에 대한 존중, 직업적 능력, 사회적 행동 그리고 자유롭고 민주주의적인 자세를 위하여 교육을 받는다.

(2) 자녀 교육에 대하여 결정할 부모의 자연스러운 권리는 교육 및 학교제도의 기초를 이룬다. 이는 다양한 학교 유형으로의 입학 시에 존중되어야 한다.

제9부(교육제도) 제104조(학교 내적인 공동 결정)

(1) 부모와 학생은 학교활동이나 학교생활의 조성에 있어서 선출된 대표를 통하여 협력할 권리를 가진다.

(2) 구체적인 것은 법으로 규정한다.

제9부(교육제도) 제105조(윤리 및 종교 수업)

(1) 윤리 수업과 종교 수업은 공립학교의 정규 교과목이다. 종교적인

성인기로 들어가기 전까지 이 과목들 가운데 어떤 과목 수업에 참여할지는 부모가 결정한다.

(2) 종교 수업은 국가의 일반적인 감독권이 있음에도 불구하고 교회나 종교 공동체의 기본 원칙에 의거하여 실시된다. 교사는 종교 수업 실시를 위하여 교회나 종교 공동체의 전권을 위임받을 필요가 있다. 교회나 종교 공동체는 국가적인 감독관청의 합의 속에서 종교 수업의 실시를 감독한다.

(3) 어떤 교사도 자신의 의지에 반하여 종교 수업을 의무적으로 할 필요는 없다.

제9부(교육제도) 제107조(대학의 자유)

(1) 대학은 연구나 교수에서 자유롭다.

(2) 대학은 국가의 감독에도 불구하고 자신의 특별한 성격과 법과 주에서 인정받은 규정에 따라서 자치권을 가진다.

(3), (4) 생략.

14. 작센-안할트(Sachsen-Anhalt)

제2부(국민과 국가) 제1조(인간 존엄성)

(1) 인간의 존엄성은 저촉될 수 없다. 이것을 존중하고 보호하는 것이 모든 국가기관의 의무이다.

(2) 작센-안할트 국민은 저촉될 수 없고 양도할 수 없는 인권을 인류 공동체, 세계의 평화와 정의의 기초로서 인정한다.

제2부(국민과 국가) 제7조(법 앞에서 평등)

(1) 모든 인간은 법 앞에서 평등하다.

(2) 여성과 남성은 동등하다.

(3) 누구도 자신의 성(性), 출신, 인종, 언어, 고향, 출생, 신앙, 종교적, 정치적인 세계관으로 인하여 불이익을 받거나 특혜를 받아서는 안 된다.

제2부(국민과 국가) 제11조(부모와 아동)

(1) 아동의 인격과 함께 자라는 통찰력을 존중하는 가운데서 돌봄이나 교육은 부모의 자연스러운 권리이고 그들에게 최고의 상위 의무이다. 부모들의 활동에 대하여 국가 공동체는 감독한다.

(2) 단지 법적인 근거로만 아동들이 부모의 의지에 반하여 가족으로부터 분리될 수 있는데, 만일 부모가 아이를 거부하거나 다른 이유로 방임의 위험성이 있을 경우를 말한다.

제2부(국민과 국가) 제24조(부부, 가족, 아동에 대한 보호)

(1) 부부와 가족은 국가적인 규정 가운데서 특별한 보호 아래에 있다.

(2) 생략.

(3) 아동은 신체적, 정신적인 학대나 방임으로부터 주(州)의 특별한 보호를 누린다.

(4) 청소년들은 신체적, 정신적인 발달의 위험성으로부터 보호되어야 한다.

제2부(국민과 국가) 제25조(교육과 학교)

(1) 모든 청소년들은 출신이나 경제적인 상황에 상관없이 자신의 재능과 능력을 촉진하는 교육권을 가진다.

(2), (3) 생략.

제2부(국민과 국가) 제26조(학교제도)

(1), (2) 생략.

(3) 자녀를 교육하고 그들의 학교를 선택하는 부모의 권리나 의무는 교육 및 학교제도의 구성 시에 고려되어야 한다.

(4) 모든 공립학교에서의 수업은 무상이다.

제2부(국민과 국가) 제27조(교육목적, 윤리 및 종교 수업)

(1) 국가적이고 국가적인 감독 아래에 있는 청소년들의 교육목적은 관용의 정신을 바탕으로 자유로운 인성의 발달, 다른 사람과 국민과의 공동체 및 다음 세대에 대한 책임의식을 함양하는 것이다.

(2) 학교나 다른 교육기관들은 구성원들의 세계관과 종교적 신념들을 고려하여야 한다.

(3) 윤리 수업이나 종교 수업은 모든 학교에서 정규 교과목이다. 국가적인 감독권이 있음에도 불구하고 종교 수업은 종교 공동체의 기본 원칙과의 합의 속에서 실시한다.

제2부(국민과 국가) 제29조(학교감독, 학교에서의 협력)

(1) 학교 및 교육제도는 총체적으로 주(州)의 감독하에 있다.

(2) 교사, 부모 및 학생은 선출된 대표들을 통하여 학교에서의 사업

이나 학교생활의 구성 시에 협력한다.

第2부(국민과 국가) 제31조(대학)

(1) 대학 및 다른 학문적인 기관들은 주에 의하여 설립되고 운영되고 촉진된다.

(2) 대학은 법적인 규정 내에서 자치권을 가진다.

第2부(국민과 국가) 제34조(남녀의 평등성)

주와 지방자치단체는 사회의 모든 영역에서 남성과 여성의 실제적인 평등을 위한 적합한 조치를 강구해야 한다.

第2부(국민과 국가) 제35조(자연스러운 생활 터전의 보호)

(1) 주와 지방자치단체는 현재와 미래의 삶을 위한 자연스러운 기초들을 보호하고 관리한다. 그들은 원료를 절약하여 사용하고 쓰레기를 줄이도록 노력한다.

(2)~(4) 생략.

第2부(국민과 국가) 제37조(문화적, 인종적 소수인)

(1) 소수민족의 문화적인 독립성과 정치적인 협력은 주와 지방자치단체의 보호 아래에 둔다.

(2) 문화적 혹은 혈통적인 소수인들의 신념은 자유롭다. 그러나 그것은 일반적인 시민으로서의 의무로부터 면제되는 것은 아니다.

제2부(국민과 국가) 제38조(노인, 장애인)

노인과 장애인들은 주의 특별한 보호 아래에 있다. 주(州)는 그들이 공동체 생활 가운데서 동등한 참여를 하도록 촉진한다.

15. 슐레스비히-홀슈타인(Schuleswig-Holstein)

제1부(주와 국민) 제6조(소수민족)

(1) 소수민족들의 신념은 자유롭다. 그러나 그것은 일반적인 시민으로서의 의무로부터 면제되는 것은 아니다.

(2) 소수민족의 문화적 독립성과 정치적 협력은 주, 지방자치단체 및 지역협의회의 보호 아래에 있다. 덴마크, 진티와 로마족, 프리슬란트 소수민족들은 보호와 촉진 요구권을 가진다.

제1부(주와 국민) 제7조(통합교육)

주(州)는 장애인들의 자기결정과 사회적으로 동등한 참여를 위하여 노력하여야 한다.

제1부(주와 국민) 제8조(부양을 요하는 사람의 보호와 촉진)

주(州)는 부양을 요하는 사람들의 권리와 관심을 보호하고 인간의 존엄한 삶을 가능하게 하는 서비스를 촉진한다.

제1부(주와 국민) 제9조(남녀평등의 촉진)

남녀의 권리적이고 실제적인 평등의 촉진은 주, 지방자치단체, 지역연합회 및 모든 공립 기관의 과제이다(이하 생략).

제1부(주와 국민) 제10조(아동 및 청소년에 대한 보호)

(1) 아동 및 청소년들은 주, 지방자치단체, 지역협의회 및 공적 기관의 특별한 보호 아래에 있다.

(2) 생략.

(3) 아동 및 청소년들은 권리의 소유자이다. 그들은 무폭력적 교육, 사회적 안전, 자기 책임적이고 공동체 능력을 갖춘 인성의 발전을 촉진할 권리를 가지고 있다.

제1부(주와 국민) 제11조(삶의 자연스러운 토대의 보호)

삶의 자연스러운 기초와 동물들은 주, 지방자치단체, 지역협의회 및 공공기관들의 특별한 보호 아래에 있다.

제1부(주와 국민) 제12조(학교제도)

(1) 생략.

(2) 학교 입학이나 상급학교 진학은 부모의 기대 외에도 재능과 능력이 결정적이다.

(3) 생략.

(4) 부모는 자신의 자녀가 소수민족의 학교를 다녀야 하는지를 결정한다.

(5) 덴마크 소수민족의 학교는 그 구성원을 위하여 법적인 규범 내에서 학교 수업을 보장하고 있다. 주(州)를 통한 재정은 공립학교에 준하는 재정에 맞게 집행한다.

(6) 주는 프리슬란트어 수업과 공립학교에서 저지(低地) 독일어 수업의 실시를 촉진하고 보호한다.

16. 튀링겐(Thueringen)

제1부(인간 존엄성, 평등성, 자유) 제1조

(1) 인간의 존엄성은 저촉될 수 없다. 죽음 가운데서도 그것을 존중하고 보호하는 것이 모든 국가권력의 의무이다.

(2) 튀링겐 주는 침해될 수 없고 양도할 수 없는 인권을 모든 국가공동체, 평화 및 정의의 기초로 인정한다.

제1부(인간 존엄성, 평등성, 자유) 제2조

(1) 모든 사람은 법 앞에서 평등하다.

(2) 여성과 남성은 동등하다. 주, 지방자치단체 및 공공기관은 남녀의 실제적인 평등성을 모든 사회생활 가운데 적합한 조치를 통하여 촉진하고 보장할 의무가 있다.

(3) 아무도 자신의 출생, 출신, 혈통, 사회적 지위, 언어, 정치적, 세계관적 혹은 종교적인 신념, 성(性), 성적 지향성으로 인하여 차별을 받거나 특혜를 받아서는 안 된다.

(4) 장애인은 주(州)의 특별한 보호를 받는다. 주와 지방자치단체는 그들이 사회생활에 동등하게 참여하도록 촉진한다.

제2부(부부 및 가족) 제17조

(1) 부부와 가족은 국가적인 규범의 특별한 보호 아래에 있다.

(2), (3) 생략.

제2부(부부 및 가족) 제19조

(1) 아동 및 청소년은 정신적, 신체적, 심리적으로 건강하게 발달할 권리를 가진다. 그들은 신체적으로나 정신적으로 방임, 학대, 폭력으로부터 보호받는다.

(2)~(4) 생략.

제3부(교육과 문화) 제20조

(1) 모든 사람은 교육받을 권리를 가진다. 공립교육기관에 자유롭고 동등한 입학이 법적 규범으로 보장된다. 재능아, 장애아, 사회적 불이익을 당하는 자들은 특별하게 촉진되어야 한다.

(2)~(4) 생략.

제3부(교육과 문화) 제21조

자녀교육에 대하여 결정하는 것은 부모의 자연스러운 권리이자 의무이며 교육 및 학교제도의 기초를 형성한다. 이는 다양한 학교 유형으로의 입학 시에 고려해야 한다.

제3부(교육과 문화) 제22조

(1) 교육은 자율적 사고 및 행동, 인간의 존엄성에 대한 존중, 다른 사람들의 신념에 대한 관용, 민주주의와 자유의 인정, 사회적 정의에 대한 의지, 많은 문화와 민족과의 공동체 삶에서의 평화, 인간의 자연스러운 삶의 터전과 환경에 대한 책임감을 촉진시키는 과제를 가진다.

(2) 역사 수업은 과거에 대하여 거짓이 없이 진술한 표현을 지향해야

한다.

(3) 교사들은 모든 학생들의 종교적 혹은 세계관적 민감성을 고려하여야 한다.

제3부(교육과 문화) 제23조

(1) 생략.

(2) 학교제도는 총체적으로 주(州)의 감독 아래에 있다.

(3) 부모, 보호자, 교사, 학생들은 학교제도 및 학교생활 혹은 학교활동에서 협력한다.

제3부(교육과 문화) 제25조

(1) 종교 수업 및 윤리 수업은 공립학교에서는 정규 교과목이다.

(2) 부모나 혹은 보호자는 자녀의 종교 수업이나 윤리 수업 참여에 대하여 결정할 권리를 가진다. 만 14세의 경우에는 이 결정을 청소년이 스스로 책임하에 내린다.

(3) 어떤 교사도 자신의 의지에 반하여 종교 수업을 해야할 의무는 없다.

제3부(교육과 문화) 제28조

(1) 대학은 주의 보호를 받고 감독 아래에 있다. 대학은 모든 구성원이 참여하는 자치권을 가지고 있다.

(2)~(4) 생략.

제4부(자연과 환경) 제31조

(1) 인간의 기초적인 삶의 터전에 대한 보호는 주와 그 거주자들의 과제이다.

(2), (3) 생략.

제4부(자연과 환경) 제32조

동물들은 생명체와 동일한 피조물로서 존중된다. 그들은 그 특성에 적합하지 않는 태도나 피할 수 있는 고통으로부터 보호된다.

V. 독일의 각 주별 학교법상 교육목적 관련 법령

V. 독일의 각 주별 학교법상 교육목적 관련 법령

1. 독일의 각 주별 학교법의 개관

독일은 16개 주로 구성된 연방공화국으로서 기본적으로 전통적인 분권주의의 특성을 바탕으로 기본법을 정하고 있다. 입법권은 기본적으로 연방 정부 고유의 영역, 연방정부와 주의 상호 협력 영역 및 연방 정부의 원칙적 규정 제시 영역으로 구분할 수 있다. 따라서 학문, 문화 및 교육 분야 등의 법 제정, 행정 및 관리는 1949년 제정된 헌법의 문화주권 원칙에 의거하여 대부분 각 연방 주의 소관으로 위임되어 있다. 연방법의 집행은 주로 각 주에 위임되어 있으며, 교육법의 경우에도 마찬가지로 각 주 정부가 고유의 지역 사회적 배경과 특성을 바탕으로 독립적으로 제정하여 운영하고 있다. 이에 따라서 독일의 교육제도와 교육정책에서 근간을 이루는 교육법은 각 주별로 매우 다양한 내용과 운영 형태로 구성되어 있다. 그러나 기본적인 학제 구조 등 주요한 교육적 사안들은 각 주의 '주(州)교육부장관회의(KMK)'를 통하여 협의한다(Boehm, 2008).

독일의 각 주별 교육법은 구조 및 내용적인 측면에서 볼 때 우리나라의 교육에 관한 국민의 권리·의무 및 국가·지방자치단체의 책임을 정하고 교육제도와 그 운영에 관한 기본적인 사항을 규정하고 있는 「교육기본법」과 초·중등교육에 관한 사항을 정하는 것을 목적으로 하는 「초·중등교육법」의 혼합 형태로 볼 수 있다.

특히 주별 교육법에서 학교교육의 목적과 관련하여 대체적으로 연방 헌법과 각 주의 헌법의 기본 원칙을 바탕으로 제정되었으며, 모든 주의 교육법 첫 부분에 '학교의 사명', '교육의 사명', 혹은 '학교의 과제' 등의 조항을 명확하고 구체적으로 명시하였음을 알 수 있다. 또한 주별 학교법의 구조와 내용은 대부분 유사한 형식이다.

이어서 독일연방공화국의 16개 주별 교육법령의 전체적인 구조 및 내용들을 각각 개괄적으로 살펴보면 〈표 V-1〉과 같다.

〈표 V-1〉 독일의 각 주별 교육법의 주요 구성 내용

주(州)	교육법의 주요 구성 내용
바덴-뷔르템베르크 (Baden-Wuerttemberg)	1부: 학교제도(학교의 사명, 적용 범위, 학제 구분, 학교협회, 기타) 2부: 학교(학교의 법적 지위, 학교명, 학구(學區), 학년) 3부: 학교의 설립과 관리(기본 원칙, 학교운영자 유형, 학교 설립, 변경 및 폐교) 4부: 학교감독(기본 원칙, 감독관청, 교수-학습재료, 학교감독관) 5부: 교사, 교장, 교사회, 학교행정 6부: 부모회, 직업교육, 학생회 7부: 학생(초등학교 및 상급학교, 직업학교, 특수학교 등의 의무교육) 8부: 학비 면제 및 교재 무상지급, 교육 보조 9부: 종교 수업 10부: 윤리 수업, 성교육 11부: 국립 기숙제 특수학교, 사립 기숙제 특수학교 12부: 기타 규정
	1부: 기본 원칙(교육의 사명, 학교의 과제, 공립 및 사립 교육시설) 2부: 공립학교(교육제도 구분, 학교 유형,

바이에른 (Bayern)	설립과 폐교, 학교행정, 협력, 협력 학습, 취학 의무, 수업 내용, 학교 운영의 원칙, 학교장, 교사회, 교원, 학교생활, 학부모, 학교 건강, 학교 규칙) 3부: 사립교육기관 4부: 학생기숙사 5부: 학교감독 6부: 취학 의무 7부: 기타
베를린 (Berlin)	1부: 학교의 사명, 교육권, 적용 범위 2부: 학교환경, 교육 및 수업 3부: 학교 구성, 초등학교, 중학교, 고등학교, 특수 교육적 촉진, 기타 4부: 취학 의무 5부: 학교관계(일반 규정, 입학, 평가, 낙제, 시험, 인정, 교육적 분쟁 규정, 개인정보보호) 6부: 학교 규정(교직원, 교장, 교직원회, 교사회, 학생회, 학부모회) 7부: 사립학교(일반 규정, 대안학교, 기타 규정) 8부: 학교 관리 9부: 지역협의회 및 주 협의회 10부: 공동 규정 11부: 시민대학 및 음악학교 12부: 기타
브란덴부르크 (Brandenburg)	1부: 통칙(기초 규정, 학교의 사명) 2부: 학교환경(학교의 지위, 수업 내용, 시간표) 3부: 학교 설립(학교 구조, 초등학교, 중학교, 고등학교, 전문학교, 특수교육적 촉진) 4부: 취학 의무 5부: 학교 관계(일반 규정, 학교 입학, 평가, 낙제, 졸업, 교육 및 질서 규정, 개인정보보호) 6부: 교직원 7부: 교내 협력 규정(학부모, 학생, 교사, 교직원회) 8부: 공립학교 9부: 공립학교 재정 10부: 사립학교 11부: 학교관리 12부: 군(君) 및 주(州) 차원의 협력권 13부: 기타
브레멘 (Bremen)	1부: 적용 범위, 개념 규정 2부: 학교(학교의 사명, 학교구조) 3부: 학생(학생의 권리, 일반적인 취학 의무) 4부: 교직원, 보호자 및 실습생들의 의무 및 권리 5부: 공동규정 6부: 강제 규정, 벌과금, 처벌 규정 7부: 기타
함부르크 (Hamburg)	1부: 학교교육권 및 학교의 사명 2부: 수업 및 교육 3부: 학교제도(구조 및 조직 형태, 학교 형태 및 교육과정) 4부: 학교관계(일반 규정, 취학 의무, 입학 및 교육과정 선택, 평가, 낙제, 졸업, 처벌 규정) 5부: 학교 규정(원칙, 교직원회, 교사회, 학급회, 증명서 위원회, 학생 및 부모 협력, 직업학교 규정, 각종위원회 및 주(州) 학교위원회) 6부: 학교행정(원칙, 교사 및 교장) 7부: 개인정보보호 8부: 공동 규정 9부: 기타

헤센 (Hessen)	1부: 학교의 교육권과 사명 2부: 수업 내용과 시간표 3부: 학교 구조(학교 조직, 초등학교, 중학교, 고등학교, 성인학교, 특수교육적 촉진) 4부: 취학 의무 5부: 학교 관계(일반 규정, 평가, 교육과정 및 졸업, 교육적 규정) 6부: 개인정보보호 7부: 교사, 교장, 학교감독 8부: 부모(일반규정, 학급 및 학교의 부모협의회, 군(君), 시(市) 및 부모협의회, 9부: 학생 10부: 학교 규정(학교의 자치 및 독립성, 직업학교의 법적 지위, 교직원회, 교사회) 11부: 학교재단 12부: 인사 및 재정 13부: 사립학교 14부: 공동규정 15부: 법규명령 및 규정의 공포 16부: 기타
메클렌부르크-포어포메른 (Mecklenburg-Vorpommern)	1부: 학교교육권 및 사명 2부: 수업의 대상 범위, 기본계획 및 시간표 3부: 학교구조 4부: 취학 의무 5부: 학교관계 6부: 개인정보보호 7부: 학교 협력 8부: 학교행정 9부: 학교 재단, 학교 발전 10부: 학교 재정 11부: 사립학교 12부: 기타
니더작센 (Niedersachen)	1부: 일반 규정 2부: 학교 규정 3부: 교직원 4부: 학생 5부: 부모회 6부: 학교 재단 7부: 재정 8부: 교육청 9부: 종교 수업, 가치와 규범 수업 10부: 초등학교 11부: 사립학교 12부: 주(州) 학교협의회 13부: 기타
노르트라인-베스트팔렌 (Nordrhein-Westfalen)	1부: 일반 원칙(학교의 사명, 적용 범위, 학교의 법적 지위 및 내부조직) 2부: 학교제도의 구조와 조직(학교 구조, 초등학교와 주요 학교의 세계관 분류) 3부: 수업 내용 4부: 취학 의무 5부: 학교 관계(일반 내용, 평가, 기타) 6부: 교원 7부: 학교 규정(일반 내용, 학교 협력, 재단 및 교육부 협력) 8부: 학교 재단 9부: 학교 감독 10부: 학교 재정 11부: 사립학교 12부: 개인정보 보호, 기타
라인란트-팔츠 (Reinland-Pfalz)	1부: 통칙(일반성, 학교제도 구분, 학교와 학교 협의회 협력, 실험학교, 공립학교와 사립학교) 2부: 교원, 학생, 학부모(일반성, 교원, 교장, 회의, 학생회, 학생 신문, 학부모 협력, 학교 위원회, 공통 규정) 3부: 재학규정(학교관계, 학교입학, 통계조사 및 자료 정리) 4부: 재정 5부: 학교행정(일반성, 국립학교, 지역학교, 실험학교) 6부: 학교감독 7부: 기타

자르란트 (Saarland)	1부: 학교제도의 과제 및 구조(일반성, 학교운영위원회, 종교 수업, 성교육) 2부: 학교(일반적 법 관계, 교장, 교사회, 교직원회, 학교지역협의회, 주(州)학교협의회, 교사, 학생, 부모회) 3부: 학교행정(재단, 인건비, 교육교재, 지역학교 행정) 5부: 학교 감독(일반 규정, 감독관청) 6부: 기타
작센 (Sachsen)	1부: 적용 범위, 교육권, 학교의 사명 2부: 학교제도의 구성 3부: 취학의무 4부: 학교관계, 교과목, 개인정보보호 5부: 교직원 6부: 학교 규정(자치행정, 학교장, 교사회, 교직원회, 학생회, 부모회) 7부: 군(君) 및 주(州) 차원의 협력 8부: 학교 재단, 학교 운영 9부: 학교 재정 10부: 학교 감독, 학교 상담 11부: 기타
작센-안할드 (Sachsen-Anhalt)	1부: 일반 규정(교육과제, 적용 범위, 학교제도의 분류, 사립학교, 종교 및 윤리교육) 2부: 학교 규정 3부: 교사 및 교직원 4부: 학생5부: 취학 의무 6부: 학생회 7부: 부모회 8부: 학교재단 9부: 학교재정 10부: 교육청과 주(州)학교협의회 11부: 국립교육청 12부: 기타
슐레스비히-홀슈타인 (Schleswig-Holstein)	1부: 학교 제도의 사명 및 분류(일반 규정, 학교의 사명, 학교 제도의 분류) 2부: 공립학교(학교 관계, 취학의무, 보충 규정, 개인정보보호) 3부: 공립학교 교원(교장, 교사, 협력) 4부: 공립학교와 특수교육센터, 학교재단, 교사, 부모 및 학생의 협력) 5부: 공립직업학교(학교 유형, 학교재단, 교사, 부모 및 학생의 협력, 지역 직업교육센터) 6부: 학생장학제도 7부: 사립학교 8부: 주(州)감독 9부: 기타
튀링겐 (Thueringen)	1부: 학교제도의 기본 원칙 2부: 취학 의무 3부: 학생과 부모 4부: 학교장, 교사 및 회의 5부: 교직원회, 주(州)학교협의회 6부: 학교감독, 교사 교육, 교육 과정 및 매체 연구소 7부: 교육 과정, 학교 운영 및 수업 내용 8부: 교육적 규정 9부: 상담, 건강 및 환아(患兒) 수업 10부: 학교운영 및 개인정보보호 규정 11부: 기타

2. 독일의 주별 학교법상의 교육목적과 관련된 법령

독일의 16개 연방 주에서 제정된 각각의 학교법 가운데서 특히 교육의 목적과 관련된 구체적인 법률 조항들을 살펴보면 대체적으로 연방 헌법과 주 헌법의 기본적인 원칙과 방향을 바탕으로 구성되었음을 알 수 있다. 아울러 각 주별 교육목적의 구성이나 내용 등은 서로 유사한 맥락 가운데 제정된 것을 살펴볼 수 있다.

이어서 각 주별로 학교법상의 교육목적과 관련된 법령들을 구체적으로 살펴보면 각각 다음과 같다.

1. 바덴-뷔르템베르크(Baden-Wuerttemberg)

제1부(학교제도) 제1조(학교교육의 과제)

(1) 학교의 사명은 독일연방공화국의 헌법과 바덴-뷔르템베르크 주의 헌법에 정해진 법령을 바탕으로 규정하고 있으며, 특히 모든 아동 및 청소년들은 각자의 출신이나 경제적인 지위와 상관없이 자신의 재능에 적합한 교육을 받을 권리를 가지며 국가와 사회 및 자신이 속해 있는 공동체에서 책임과 권리와 의무를 다하도록 준비시켜야 한다.

(2) 학교는 주 헌법에 정해진 교육적 사명을 실현해야 한다. 학교는 지식, 기능, 기술의 전수 외에도 학생들로 하여금 특히 다음과 같은 사항을 함양하도록 한다.

○ 학생들은 하나님 앞에서의 책임과 기독교적인 이웃 사랑의 정신,

인간성과 평화에 대한 사랑, 국민과 조국에 대한 사랑, 타인의 생각이나 존엄성에 대한 존중, 성취 의지 및 개인의 책임, 사회적 안전에 대하여 교육하며 자신의 인격과 재능을 계발하도록 촉진시킨다.

○ 학생들은 연방 헌법과 주 헌법에 정해진 자유민주주의의 기본 질서를 벗어나지 않는 한도 내에서 개별적으로 배제되지 않으며 자유민주주의적인 기초 질서에 대한 가치관을 인정하도록 교육시킨다.

○ 학생들은 헌법에 의거한 시민으로서의 권리와 의무를 인지하도록 준비시키며, 그것을 위하여 필요한 판단 및 결정 능력을 함양하도록 도운다.

○ 학생들로 하여금 인생의 다양한 과제와 발달 가능성을 가진 직업세계에 대하여 준비하도록 한다.

(3) 학교는 이 사명을 성취하는 데 부모가 아동의 교육에 동참하여 결정할 권리를 부여하고 존중하며 또한 학교재단의 교육적 책임도 고려하여야 한다.

(4) 학교의 과제를 완성하기 위하여 필요한 규정들은 기본 원칙과 일치해야 한다. 이것은 특히 교사교육이나 교육과정의 구성에 적용된다.

제10부(윤리 수업, 성교육) 제100a조(윤리 수업)

(1) 종교 수업에 참여하지 않는 학생들을 위하여 정규 수업 과목으로서 윤리 교과목이 설치된다.

(2) 윤리 수업은 학생들로 하여금 책임 의식과 가치 의식 태도를 함양하는 데 기여한다. 윤리 수업의 내용은 헌법과 1조의 교육적

사명에 명시된 바와 같이 가치관과 일반적인 윤리적 기본 원칙을 지향한다. 본 수업은 이러한 사고와 기본 원칙을 전수하며 철학적이고 종교학적인 질문을 제기함으로서 출발한다.

(3) 생략.

제10부(윤리 수업, 성교육) 제100b조(가족 및 성교육)

(1) 부모의 기본적인 교육권에도 불구하고 가족 및 성교육은 학교의 교육적 사명에 해당한다. 가족 및 성교육은 관용의 원칙 가운데서 다양한 가치관을 위하여 초교과적으로 실시된다.

(2) 가족 및 성교육의 목적은 학생들로 하여금 나이에 적합하게 생물학적, 윤리학적, 문화적 그리고 사회적인 사실과 인간의 성이나 성생활에 대한 태도의 관계성에 대하여 잘 알도록 하는 것이다. 가족 및 성교육은 특히 부부와 가족 등 개별적인 관계에서 개인의 사생활 영역과 동반자적인 행동에 대한 의식을 발전시키고 촉진하여야 한다.

(3) 학부모들은 사전에 성교육의 목적, 내용 및 형태, 교재 및 교구 등에 대하여 정보를 얻을 수 있다.

(4) 문화교육부는 가족 및 성교육을 위한 지침을 각 학교 형태와 학년에 따라서 공포한다.

2. 바이에른(Bayern)

제1부(기본 원칙) 제1조(교육적 사명)

(1) 학교는 헌법에 규정된 교육적 사명을 실현하여야 한다. 학교는 학

생들에게 지식과 기술을 전수하며 그들의 정신, 신체, 정서 및 인성을 바르게 형성하여야 한다. 교육의 궁극적인 목적은 하나님에 대한 경외심과 더불어 종교적 신념, 인간 존엄성, 남녀평등에 대한 존중과 자기극복, 책임감, 협력적 자세, 모든 진(眞), 선(善), 미(美)에 대한 개방적 태도, 자연과 환경에 대한 책임 의식의 함양이다. 또한 학생들로 하여금 민주주의 정신과 바이에른 지역, 독일 국민에 대한 사랑과 국민화합적인 정신을 교육받도록 한다.

(2) 학교의 사명을 완수할 때에 학교는 자녀의 교육에 대한 부모의 합법적인 권리를 존중하여야 한다.

제2조(학교의 과제)

(1) 학교는 학생들에게 특별히 다음과 같은 과제를 가진다.

- ◦ 지식과 기능을 전수하고 능력을 발달시킨다.
- ◦ 독립적인 판단과 자신이 스스로 책임감 있는 행동을 하도록 함양한다.
- ◦ 책임감이 따르는 자유의 영위, 관용, 평화 주의적 사고방식, 타인에 대한 존중심을 함양하며 타인의 문화와 종교적 가치에 대한 존중심을 가르친다.
- ◦ 남녀평등의 정신을 실현하도록 하고 불이익을 제거하는 데 노력한다.
- ◦ 유럽 공동체 의식을 촉진하는 데 기여한다.
- ◦ 국제적인 상호 이해의 정신을 기초로 교육한다.
- ◦ 환경에 대한 책임 의식을 일깨운다.
- ◦ 자유민주주의 및 법치국가에 쓰임받을 준비를 하고 이를 내외부

적으로 수호하는 능력을 촉진한다.

○ 가족, 국가 및 사회에 대한 동등한 권리와 의무에 대하여 인식하도록 하며, 특히 남자 아동 및 남자 청소년들이 미래에 아버지의 역할을 책임성 있게 수용하고 가족 및 가정일에 협력적으로 참여하도록 격려하고 지원한다.

○ 직업 세계와 직업에 대하여 준비시키고 직업 선택을 도와주며 특히 여자 아동과 여자 청소년들이 직업 선택의 지평을 넓히는 데 격려하고 지원한다.

(2) 통합교육은 모든 학교의 과제이다.

(3) 학교는 전통적인 교양과 더불어 새로운 것을 학생들에게 전수한다.

(4) 학교장, 교사, 학부모 및 학생들(학교 공동체)은 상호 신뢰 가운데 협력한다. 학교는 수업, 교육 및 학교생활과 조직, 행정을 헌법에 정한 교육적 사명과 법과 행정적 규정을 바탕으로 구성한다. 동시에 학교 공동체는 학습 분위기와 학교생활을 긍정적이고 투명하게 조성하도록 하며 구성원의 다양한 의견에 대하여 학교 공동체 내 책임자들의 관할하에서 해결하도록 노력한다. 학교는 학교발전계획서에 단기 및 중기 발전 목표와 학교 공동체의 규정에 대하여 111조 1항 2와 113c조의 4항에 의거하여 합의를 통해 포함하도록 한다. 학교는 이를 정기적으로 점검하고 필요한 경우에 실현하도록 한다.

(5) 지역사회에 대하여 학교는 적극적으로 개방한다. 학교의 개방은 학교 외부 기관과의 협력을 통하여 이루어지는데, 특히 사업장, 스포츠협회, 미술 및 음악학교, 사립 청소년 복지기관, 지역 혹은 교회시설, 평생교육원 등을 말한다.

제2부(공립학교) 제47조(윤리 수업)

(1) 윤리 수업은 종교 수업에 참여하지 않는 학생들을 위한 필수 과목이다.

(2) 윤리 수업은 가치 판단력과 행동을 함양하는 학생들의 교육에 기여한다. 윤리 수업의 내용은 연방 기본법과 주 헌법에 정해진 바와 같이 윤리적인 기본 원칙을 지향한다. 그 밖에도 윤리 수업은 다양한 신념이나 세계관을 고려한다.

제2부(공립학교) 제48조(가족 및 성교육)

(1) 부모의 기본적인 교육권에도 불구하고 1조 및 2조에 의거하여 가족 및 성교육은 학교의 과제에 해당한다. 가족 및 성교육은 책임감 있는 성생활에 관련된 행동에 대하여 연령에 적합한 교육으로서 부부나 가족생활의 촉진을 위한 우선적인 목적을 가진 전인 교육의 한 부분이다.

(2) 가족 및 성교육은 헌법 제118조 2항, 제124조 및 제131조, 제135조 2항에 정해진 가치 결정과 교육목적에 의거하여 다양한 가치관에 대하여 관대함을 바탕으로 한다.

(3) 가족 및 성교육의 목적, 내용 및 형태는 적시에 부모에게 알리고 그들과 논의한다.

(4) 개별 학교 형태, 교과목 및 학년에 있어서 가족 및 성교육에 대한 지침은 정부부서가 주 정부 학교이사회의 협조를 통하여 공포한다.

3. 베를린(Berlin)

제1부(학교의 사명, 교육권, 적용 범위) 제1조(학교의 사명)

○ 학교의 사명은 학생들의 가치 있는 모든 소질을 최대한 계발하고, 기초적인 지식과 능력을 전수하며 판단력을 최대한 함양하는 것이다.

○ 학교교육의 목적은 인성을 함양하는 데 있는바, 나치의 이념과 타인에 대하여 독재를 하기 위하여 시도하는 모든 정치적인 선동에 대하여 단호히 맞서는 능력을 함양하며, 민주주의, 평화, 자유, 인간 존엄성, 남녀의 동등성을 바탕으로 하며 자연과 환경과의 조화 가운데 국가적이며 사회적인 삶을 영위하는 능력을 키운다.

○ 이러한 인성은 사회에 대한 책임감을 의식하는 가운데 생기며, 또한 모든 사람들의 평등성을 인정하고 개인의 신념을 존중하며 사회적 관계성의 형성이 반드시 필요함을 인정하며 동시에 국제적인 민족 간의 상호 이해로부터 형성되는 것이다.

제1부(학교의 사명, 교육권, 적용 범위) 제2조(교육권)

(1) 모든 아동 및 청소년들은 자신의 성별, 가문, 언어, 출생, 장애, 종교, 정치적 신념, 성적 정체성, 부모의 경제적 혹은 사회적 지위에 상관없이 미래를 위하여 교육받을 권리를 가진다.

제1부(학교의 사명, 교육권, 적용 범위) 제3조(교육의 목적)

(1) 학교는 지식, 기능, 기술 및 가치관을 전수하여야 한다. 이를 통하여 학생들로 하여금 스스로 결정할 수 있는 능력을 함양하고

직업 및 인성적 발전 과제를 완수하며 자신의 삶을 적극적으로 영위하고 사회적, 공동체적 혹은 문화적, 경제적인 생활에 책임 있게 참여하고 사회의 발전에 참여하도록 한다.

(2) 학생들은 특히 다음과 같은 것을 배워야 한다.

○ 스스로 학습하고 다른 사람과 함께 배우며 성과를 내고 또한 적극적으로 사회적 행동을 함양하여야 한다.

○ 스스로 정보와 자료를 탐색하고 그것을 비판적으로 사용하며, 자신의 생각을 표현하며 타인의 의견에 대하여 선입견이 없이 토론하도록 한다.

○ 진실하고 자기 비판적이어야 하며 옳고 당연한 것으로 인식한 것을 자각할 수 있어야 한다.

○ 개인적 인지능력, 지각능력, 표현능력, 음악 및 예술적 능력을 계발하며 대중매체에 대하여 타당하고 비판적이며 생산적으로 사용할 수 있는 능력을 함양한다.

○ 논리적 사고, 창의성 및 독자성을 발전시킨다.

○ 갈등 상황을 인식하고 이성적이며 무폭력적으로 해결하며 그것을 인내하는 것도 배운다.

○ 움직임이나 공동으로 하는 스포츠에 대한 즐거움을 발달시킨다.

(3) 학교교육은 학생들로 하여금 특히 다음과 같은 능력을 함양시킨다.

○ 다른 사람들과의 관계 형성은 존중, 동등한 권리, 비폭력적인 이해심을 중심으로 형성하여야 하며 모든 사람들을 공정하게 대하도록 한다.

○ 역사, 학문, 경제, 기술, 문화, 사회 분야에서 여성의 능력을 인정하며, 남자와 여성의 평등성을 인식하도록 한다.

○ 자신의 문화뿐만 아니라 다른 문화를 알고 이해하도록 한다. 다른 사람들의 출신, 종교, 세계관에 대하여 선입견 없이 대하며, 다문화에 대한 이해를 통하여 평화로운 공동체의 삶을 영위하는 데 기여한다. 또한 모든 사람들의 생명권과 존엄성을 지지한다.

○ 학생들로 하여금 유럽 공동체의 시민으로서 자신의 과제를 인식하게 한다.

○ 지역적, 세계적인 생활의 기초 위에서 개인적이며 사회적인 행동의 영향력을 인식하게 하며 이를 보호하기 위하여 공동 책임 의식을 가지고 다음 세대를 위하여 유지하도록 한다.

○ 기술, 법, 정치 및 경제적인 발전의 결과를 예견하는 능력을 함양하고, 모든 생활환경에서 사회적이고 국제적인 변화에 다른 요구들을 채울 수 있도록 한다.

○ 지속적인 운동과 건강한 삶의 영위를 통하여 신체적, 사회적, 정신적으로 긍정적인 발전을 도모하게 한다. 아울러 공평, 관대함, 팀워크, 도전 정신을 향상시킨다.

○ 미래의 개인적, 직업적, 사회적인 삶을 건강하게 영위하게 하며, 삶과 배움에 대한 기쁨을 향상시키고 여가를 의미 있게 이용하도록 한다.

제1부(학교의 사명, 교육권, 적용 범위) 제4조(실현원칙)

(1) 학교, 학부모, 청소년복지기관은 학생들의 권리를 충족하는 데 그들의 인성과 능력을 최대한으로 계발하기 위하여 협력한다. 학교는 자녀의 교육에 대한 부모의 법적인 권리를 존중하고 타인의 감정이나 의견을 고려한다. 학교는 학생들로 하여금 자신의 교육

과정을 개별적이고 책임감 있게 성공적으로 이수할 수 있도록 도우며 연령과 발달 수준에 적합한 수업과 교육을 위하여 협력한다.

(2) 모든 학교는 학생들이 자신의 일정한 교육과정을 졸업할 수 있도록 이끄는 데 최대한 책임을 진다. 학교는 남학생과 여학생들이 함께 수업을 받도록 하며 차별을 없애고 기회균등이 실현되도록 환경이 조성되어야 한다. 동시에 학교는 남녀평등의 원칙과 다문화적인 학교환경의 구성을 바탕으로 모든 교육 관련 규정이나 학교구조의 조성에 반영한다.

(3) 특별한 재능을 가진 학생이나 높은 인지 능력을 가진 학생 혹은 현저하게 낮은 학습 능력으로 어려움을 가진 학생들은 특별한 촉진활동이 요구된다. 학습, 언어, 신체, 사회 및 정서적인 발달에 위협적인 학업 성취력의 지체나 다른 손상들은 예방, 조기진단하고 부가적인 촉진 서비스에 대한 대책이 적시에 마련되어야 한다. 특수교육적 촉진 요구를 가진 학생들은 통합교육에 우선적으로 촉진활동이 제공되어야 한다.

(4) 수업과 교육은 학습 형태, 학습 방법 및 학습 장소의 다양성을 고려한 가운데 장기적, 체계적, 계획적, 점진적인 학습과정으로 구성한다. 학생들의 지적, 신체적, 정서적, 문화적 및 사회적 능력, 재능, 관심 그리고 소질들이 최대한 계발되도록 지원해야 한다.

(5) 학교는 학생들의 통학로, 수업과 수업의 조직, 성적표, 숙제, 그 외의 학교 행사 등에 대한 부담과 요구가 연령에 적합하여야 하며 무리가 없어야 한다. 아울러 개인적인 활동을 할 정도의 충분한 시간을 누리도록 학생들의 발전 가능성, 정신적 자유, 신체적

인 안전이 보장되어야 한다.

(6) 모든 학교는 교육목적의 완성을 위한 책임을 지며, 수업과 그 수업의 목적에 맞는 구성에 대하여 자율적이며 그에 대한 책임을 진다. 또한 학교는 학교 교육프로그램에 교육적 개념을 발전시킨다. 학교교직원, 학부모 및 학생들이 그 일에 협력한다.

(7) 일반 학교는 근로 및 직업 세계에 대하여 가르치며, 학생들의 직업 선택과 직업 활동이나 가족 및 사회적 관계 가운데서의 활동을 위한 준비를 돕기 위하여 다른 기관들과 협력을 한다.

(8) 교육목적, 학업성취능력, 평가기준을 확보하기 위하여 학교는 정기적이고 체계적으로 교육적 활동의 질적 검토가 이루어져야 한다.

(9) 학교에서는 남녀학생들이 함께 교육을 받아야 한다(남녀공학). 만일 교육적으로 의미가 있고 목적에 적합한 촉진에 기여한다면 학생들은 시간제로 성별을 분리하여 수업하고 교육 할 수 있다.

(10) 비독일어권 출신의 학생들은 이민족적이고 문화적인 정체성의 존중 가운데 특별한 지원 서비스를 통하여 독일어의 학습과 원활한 사용이 촉진되어야 한다. 이를 통하여 그들은 독일어권 학생들과 함께 적극적으로 학교생활에 참여하고 동일하게 학교를 졸업할 수 있도록 한다.

제2부(학교 구성) 제12조(수업 과목, 학습 영역과 과제 영역, 윤리)

(1)~(5) 생략.

(6) 윤리학 과목은 공립학교의 7학년~10학년에서 모든 학생에게 필수 과목이다.

윤리 수업의 목적은 학생들로 하여금 문화적, 종족, 종교 및 세계관과 상관없이 개별적인 삶이나 사회적 공동체적인 삶에서 기초적인 문화적, 인종적인 문제와 다양한 가치관에 대하여 함께 건설적으로 토론하는 능력과 준비성을 함양하는 데 있다.
이를 통하여 학생들은 자기 결정, 책임 의식 등 기초적인 자질을 함양하고 사회적 능력과 상호 문화적인 소통능력 및 판단능력을 키울 수 있다. 이 목적 때문에 철학, 다양한 문화, 삶의 양식 및 세계적 종교들에 대한 지식과 생활양식 등에 대한 문제를 다룬다. 윤리학 과목은 연방 헌법과 베를린의 헌법 제1조와 3조에 규정된 바와 같이 일반 윤리학적 기본 원칙을 지향한다. 윤리학 수업은 세계관적이고 종교적으로 중립적인 입장에서 수업을 한다. 윤리 수업의 각 주제는 학교는 종교 및 세계관 수업 담당자와의 협력 가운데 구성하게 된다. 어떤 형태로 협력이 실시될 것 인가에 대한 결정은 각 학교에 달려 있다. 학교는 부모들에게 적시에 합당한 방법으로 윤리교육의 목적, 내용 및 형태에 대하여 알린다.

(7) 학교에서의 성교육은 부모들을 통하여 보완한다. 성교육의 목적은 학생들로 하여금 연령과 성숙도에 따라서 생물학적, 사회적 관계와 생활양식의 다양성, 다양한 문화적 가치 및 규범에 대한 지식을 전수하는 것이다. 아울러 그들로 하여금 스스로 뿐만 아니라 가족, 동반자 및 사회에서 타인에 대해 책임성 있는 행동을 할 능력을 키워주는 것이다.
특히 현재와 미래에 인격적인 관계 가운데서 무폭력적이고 공손한 행동에 대한 의식을 발달시키고 촉진해야 한다. 성교육은 결코 편파적인 영향력으로 이끌어서는 안 된다. 학교는 부모에게 적시에 적당한 방법으로 성교육의 목적, 내용 및 형태에 대하여 공지하여야 한다.

제2부(학교 구성) 제15조(비독일어권 학생을 위한 수업)

(1) 비독일어권 출신의 학생들은 2조 및 4조에 명시된 규정에 따라서 다른 모든 학생들과 함께 공동으로 수업을 받는다.

(2) 수업을 못 따라갈 만큼 충분한 독일어 실력이 없으며 일반 학급에서 촉진이 불가능할 정도로 독일어 지식이 적은 비독일어권 출신의 학생들은 일반 학교로의 전환을 준비하는 특별한 학습 집단에서 촉진되어야 한다. 독일어에 대한 지식은 학교 입학 시에 교장이나 혹은 학문적으로 전문적인 검사 과정을 위임받은 교사를 통하여 진단된다.

(3) 비독일어권 출신의 학생들은 자신의 모국어 학습을 위한 교육적 서비스를 받을 수도 있다.

4. 브란덴부르크(Brandenburg)

제1부(일반) 제2장(학교의 사명) 제3조(교육권)

(1) 본 법률의 규정은 브란덴부르크 헌법 제29조에 의거하여 교육권의 실현에 이바지한다. 학교는 경제, 사회적 처지, 출신 국가, 정치적 혹은 종교적인 신념, 성별 등과 상관없이 동등하게 입학이 보장되도록 구성하여야 한다. 모든 학교의 과제는 각각의 학생을 촉진하는 일이다. 특별한 재능을 가진 학생, 사회적으로 불이익을 받는 학생, 장애를 가진 학생들은 특별히 촉진되어야 한다.

(2) 특히 능력과 재능이 있는 학생들은 9조 1항에 따라서 대학, 8a조

와 143조에 의거하여 특별한 학교의 협력, 59조 6항에 따라서 속진이나 월반의 가능성, 109조 2항에 따른 특별한 수업 욕구를 고려하는 것과 개별적인 지원을 통하여 촉진되어야 한다.

(3) 사회적으로 불이익을 당하는 학생들은 특별히 9조 1항의 청소년 복지기관이나 사회복지기관과의 협력, 18조에 의한 종일반 교실 제공, 23조 2항에 의한 특별 수업 제공 및 촉진 규정의 구비, 109조 2항의 수업 요구의 고려, 111조의 무상 교재비 규정과 112조의 학생 교통비 지원 등 개별적인 서비스를 통하여 촉진하여야 한다.

(4) 특수교육적 촉진 요구를 가진 학생들은 29조 2항에 의거하여 우선 특수교육적 요구가 없는 학생들과의 공동 수업을 받아야 한다. 그리고 그들이 장애 특성에 적합한 특수학교나 특수학급이 설치된 학교, 18조 5항에 의하여 종일제 서비스나 종일제 학교, 109조 1항에 의거하여 특별한 수업적 요구를 고려하는 등 개별적인 지원을 통하여 특별히 촉진되어야 한다.

제1부(일반) 제2장(학교의 사명) 제4조(교육의 목적과 기본 원칙)

(1) 학교는 아동 및 청소년들의 학습, 생활 및 활동을 위한 장(場)이고, 브란덴부르크 주의 헌법과 연방 헌법의 가치 실현과 존중에 기여하며, 브란덴부르크 헌법 28조에 정해진 교육의 과제를 성취한다.

(2) 학교는 자녀의 교육에 부모의 권리와 의무를 존중하며 그들과 긴밀한 협력을 한다. 학교는 청소년들의 통찰력과 독립성을 함양하도록 지원하며 자기 책임감과 가치 판단 능력을 촉진한다.

(3) 학교는 학생들의 발전 가능성, 정신적 자유, 심리적이고 신체적인 안전을 보장할 의무가 있다. 학생들의 복지와 관련하여 학교는 모든 방치 행위와 학대 행위에 대한 조사권을 요구할 수 있다. 학교는 적시에 청소년 복지국이나 다른 관련 기관의 개입을 결정한다. 학교 내부에서 혹은 학교 지역, 학교 외부에서의 학교관련 행사 등 학교 생활하는 동안에는 학생들의 흡연이 금지된다. 학생들의 통학로, 수업과 그 구성, 숙제 및 기타 학교 행사를 통한 요구나 부담의 정도는 학생들의 발달 수준에 맞추고 무리가 없어야 하며 개인적인 활동을 위한 충분한 시간을 주어야 한다.

(4) 학교는 양심의 자유와 다양한 문화, 종교 및 세계관이나 정치적 이념 및 감정에 대하여 개방적 사고방식이나 관용을 유지한다. 어떤 학생도 자신의 출생, 국적, 언어, 성별, 성적 정체성, 사회적 출신 및 지위, 장애, 종교적 혹은 정치적 신념, 인종적인 이유로 특혜를 받거나 불이익을 받아서는 안 된다. 여자 청소년이나 여성에 대한 차별 행위도 적극적으로 저지하여야 한다.

(5) 학교는 학생들에게 지식, 기능 및 가치관을 전수할 때에 다음과 같은 능력과 준비성을 함양한다.

- 자기 스스로뿐만 아니라 다른 사람들과 함께 배우고 성과를 이루도록 한다.
- 자신의 인지능력, 감정 및 표현능력을 함양하며 이러한 맥락 가운데서 대중매체에 대하여 객관적이고 창의적이며 비판적으로 다룰 수 있도록 한다.
- 스스로 정보를 창출하고 비판적으로 사용한다. 또한 자신의 의견을 표현하며 다른 사람의 의견을 존중하고 선입견에 치우치지 않

고 공평한 태도로 토론하도록 한다.

○ 창의성과 자기 주도성을 계발한다.

○ 다른 사람들과의 관계는 존중과 공의와 연대정신을 바탕으로 형성하며, 갈등을 인식하게 하고 견디며 또한 이성적이고 평화롭게 해결하는 것을 강구하도록 한다.

○ 남녀평등 의식을 함양하며 역사, 학문, 문화 및 사회에서 여성의 업적에 동등한 가치를 인정하게 한다.

○ 자신의 권리를 지키고 타인의 권리를 자신의 것처럼 존중하도록 한다.

○ 미래의 개인적, 직업적, 사회적인 생활을 책임감 있게 형성하도록 하며 사회적인 변화의 요구에 잘 대처하도록 한다.

○ 사회적이며 정치적인 공동 책임을 개인적인 행동의 함양과 공동 관심사에 대한 인지능력을 바탕으로 받아들이며 정의롭고 자유로운 사회의 민주적인 조성을 위하여 기여하도록 한다.

○ 나치즘의 원인과 위험성과 더불어 독재를 위한 정치적 선전을 인식하게 하고 저지하도록 한다.

○ 자신의 문화뿐만 아니라 다른 사람들의 문화를 이해하고 다양한 문화와 민족의 평화로운 공동체적 삶에 기여하도록 한다. 아울러 모든 사람들의 평등성과 존엄성을 지지하도록 한다.

○ 유럽 공동체 시민으로서의 과제를 스스로 준비하도록 한다.

○ 자신의 건강, 환경보호에 대하여 책임감 있게 인식하도록 한다.

○ 신체적, 정서적, 정신적 장애를 가진 사람들의 삶에 대하여 이해하고 공동체로서의 삶을 경험하도록 인식을 함양하도록 한다.

(6) 학교교육에서는 실용적이며 직업생활에 필요한 자질을 함양하기

위한 능력을 특히 촉진하여야 한다.

(7) 남녀학생들이 함께 교육과 수업을 받는다. 특수교육적 촉진 요구는 29조에 의거하여 적용 한다. 그리고 교육적으로 의미가 있을 경우에는 수업 과목, 학습 범위 혹은 포괄적인 주제들을 성별에 따라서 시간제로 분리하여 수업할 수 있다.

(8) 외국어를 사용하는 학생들에 대한 통합도 학교의 과제이다. 그들의 적성에 적합하게 특별한 목적을 가진 수업을 제공하고 촉진 대책을 마련하여 독일어를 사용하는 학생들과의 수업을 하며 동일하게 졸업을 할 수 있도록 이끈다.

제1부(일반) 제2장(학교의 사명) 제5조(소르브인/벤트인 거주 지역 내 니더소르브어 서비스를 하는 학교)

(1) 소르브와 벤트의 거주 지역 내에 있는 아동 및 청소년은 자신 혹은 그 부모가 원하는 경우에는 니더소르브어를 배우고 정해진 과목과 학년에서 니더소르브어로 수업을 받을 수 있다.

(2) 특별히 니더소르브어와 문화를 돌보고 촉진하며 전수하며 지속적으로 니더소르브어로만 교육서비스를 제공하면서 다양한 언어 가운데 한 가지로서 니더소르브어를 제공하는 공립과 사립학교는 주 정부를 통하여 촉진되고 지원받을 수 있다.

(3) 특히 인적, 물적 혹은 학교 조직적인 전제가 갖추어질 경우에 주 정부의 학교 관련 담당자는 주 의회의 학교 관련 위원회의 합의와 소르브와 벤트인 위원회의 조언과 함께 주 의회에서 법령을 통하여 다양한 과목에서 수업의 조직이나 학년 구성 등 구체적인 내용을 규정할 권리를 가진다.

제2부(학교 형태) 제1장(학교의 지위) 제11조(수업 과목)

(1) 생략.

(2) 인생 구성-윤리-종교학 과목은 학생들이 특히 자신의 인생을 스스로 결정하고, 책임감 있게 형성하도록 지원한다. 그리고 그들로 하여금 민주주의적이며 다원주의적인 사회 속에서 다양한 가치관을 가지고 독립적이고 판단 능력을 함양하도록 돕는다. 이 교과목은 가치 지향적인 인생 구성을 위한 기초 전수와 철학적 윤리학의 전통에 대한 지식 및 윤리적 판단을 위한 기본 원칙과 종교와 세계관에 대한 지식 전수에 이바지하는 것이다.

(3) 인생 구성-윤리-종교학 과목은 신념적, 종교적 혹은 세계관에 있어서 중립적으로 수업을 한다. 부모들은 이 과목의 수업의 형태, 목적 및 내용 등에 대하여 적시에 그리고 포괄적으로 공지를 받는다(이하 생략).

제2부(학교 형태) 제2장(수업 내용, 시간표) 제12조(학습 영역과 포괄적 주제군)

(1), (2) 생략.

(3) 학교에서의 성교육은 부모들을 통하여 보완한다. 성교육의 목적은 학생들에게 연령에 따라서 생물학적, 윤리적, 종교적, 문화적이고 사회적인 사실과 인간의 성과 성생활에 대해 잘 알려주는 것이다. 성교육을 통해 학생들에게 책임의식과 전통에 근거한 결정력, 행동양식 및 인간적이고 사회적인 동반자적 관계성을 함양하도록 능력을 키워주어야 한다. 부모들은 성교육의 목적, 내용 및 형태에 대하여 적시에 공지를 받는다.

5. 브레멘(Bremen)

제2부(학교) 제1장(학교의 사명) 제4조(학교생활의 일반적 구성)

(1) 학교는 모든 아동 및 청소년들에게 주(州) 헌법 27조에 의거하여 교육권을 실현한다.

(2) 학교는 학생들의 생활공간과 동시에 그들의 일상생활을 참작하여야 하며 학생들과 그 가족들의 생활 조건에 맞는 양육 및 교육을 보장하여야 한다. 학생들은 나이에 적합한 수업과 학교생활을 스스로 혹은 함께 조성하여야 하며 다양한 경험을 통하여 학습하여야 한다.

(3) 학교의 과제는 상호 간의 이해와 사회적, 문화적 및 종교적인 다양성의 상호 존중과 평화적인 공동체 생활을 촉진하고 실현하는 것이다. 학교의 교육적 사명 가운데 외국 학생들을 사회생활 및 학교 공동체로의 통합을 촉진하고 개별적인 분리를 예방한다. 학교는 교육 기회의 불균형을 해소하고 사회적인 불이익을 제거하며 남녀평등권을 보장하기 위한 환경을 조성한다.

(4) 학교는 가능한 효과적인 촉진을 통하여 학생들로 하여금 인성적으로, 직업적으로 사회적인 행동을 신중하게 하는 능력을 함양하도록 조성한다. 이에 대한 기초적인 원칙은 민주주의적이고 공감할 수 있는 행동, 학교에 있는 모든 관계자들 간의 상호 존중이다. 학교는 수업의 형태와 방법에 있어서 자발성을 함양하기 위한 목적과 부합하여야 한다.

(5) 수업과 모든 학교생활은 장애 학생과 비장애 학생들을 위하여 가능한 함께 할 수 있도록 조성되어야 한다. 학교는 장애 학생들이

분리되는 일을 예방하여야 한다. 학교는 학생들의 발달에 모든 저해 요인과 그 영향에 적합한 조치를 통하여 예방하고 보상하고 최소화하여야 한다.

(6) 학교는 지역사회의 공적인 생활의 한 부분이며, 사회적이고 문화적인 상(像)을 함께 지니고 있다. 학교는 학교 외부, 특히 지역사회에 대하여 개방적이어야 하며 그들과 가능한 범위 내에서 협력한다. 학교의 수업 내용은 지역적인 관심사를 고려하여야 한다. 모든 관계자는 학교의 교육서비스와 학교생활을 지역적인 여건에 따라서 학교의 사명에 적합하도록 조성하여야 한다.

제2부(학교) 제1장(학교의 사명) 제5조(교육목적)

(1) 학교교육은 일반적인 인권, 연방 헌법과 주 헌법에 정해진 가치와 사회 정의, 인간애를 함양해야 할 의무를 가진다. 학교는 1조에 의거하여 종교적, 세계관적 혹은 정치적인 편향성의 위험한 표현을 저지해야 할 사명이 있다.

(2) 학교는 학생들에게 특히 다음과 같은 사항들을 교육해야 한다.

○ 정치적, 사회적인 책임감을 맡을 준비를 시킨다.

○ 사회적 연대의식을 함양한다.

○ 정의와 성(性) 평등의식을 함양시킨다.

○ 자연과 환경에 대한 책임의식을 기르고 자신의 건강에 대하여 스스로 책임지도록 의식을 함양한다.

○ 문화생활에 참여하도록 교육한다.

○ 신체적, 정신적, 정서적 장애를 가진 사람들에 대한 이해심과 공동의 삶 및 경험 공유의 필연성을 알게 한다.

○ 개인의 개성과 우리 사회에서 다른 민족의 생존권에 대한 이해와 더불어 소수인종과 이민자들과 평화적인 공동체 삶의 필요성을 인식시킨다.

○ 타 문화와 다양한 종교의 가치를 존중하도록 한다.

○ 소수인의 개성을 존중하고 그들에 대한 차별과 억압을 예방하도록 한다.

(3) 학교는 학생들로 하여금 문제해결력, 기본 능력 및 상황에 맞는 지식을 전수해야 할 사명을 가지며, 능력을 촉진하고 인성, 직업, 사회적 행동능력을 향상시킨다. 학생들은 특히 다음과 같은 사항들을 배워야 한다.

○ 각종 정보들을 비판적인 관점에서 사용하며, 가치에 대하여 독립적으로 올바르게 인식하며 그에 맞게 행동하는 것을 배운다.

○ 진리를 존중하고 그것을 고백할 수 있는 용기를 가진다.

○ 개인의 권리를 보호하고 타인의 권리를 자신의 것처럼 소중히 여긴다.

○ 의무를 인정하고 그것을 이행한다.

○ 자신의 행동양식을 평가하며, 변화시킬 수 있도록 하고 경우에 따라서는 도움을 수용하도록 한다.

○ 옳고 당연한 것으로 아는 것을 행하도록 한다.

○ 타인의 의견이나 삶의 양식에 대한 관용을 발전시키고 공정하게 토론하도록 한다.

○ 자기 비판적이고 자아의식적인 자세를 함양한다.

○ 지각능력, 감정능력, 표현능력을 계발하고 창의성과 자기주도성을 발전시키고 지속적으로 학습할 수 있도록 한다.

○ 스스로 독립적인 성취뿐만 아니라 타인과 함께 공동의 성취를 이룰 수 있도록 한다.

○ 역사, 학문, 문화 및 사회 속에서 여성과 남성의 평등한 가치와 여성의 업적과 성취능력을 인정하고 존중한다.

제2부(학교) 제1장(학교의 사명) 제6조(학부모와의 협력)

학교교육에서 자녀의 교육에 대한 학부모의 책임을 고려한다. 따라서 학부모는 가능한 학생들의 수업 및 학교생활을 구성하는 데 함께 참여할 수 있다.

제2부(학교) 제1장(학교의 사명) 제10조(남녀공학)

수업에서 남녀 분리는 허용되지 않는다. 단지 교육적으로 그것이 의미가 있을 경우에는 부분적으로 남녀를 분리하여 수업할 수 있다.

제2부(학교) 제1장(학교의 사명) 제11조(성교육)

성교육은 부모의 합의를 통하여 실시한다. 부모들은 자녀들에 대한 성교육의 목적, 내용, 형태 등에 대하여 적시에 공지를 받는다. 성교육은 초교과적으로 실시된다.

제2부(학교) 제1장(학교의 사명) 제12조(다른 기관과의 협력)

사명을 완수하기 위하여 학교는 건강, 사회 및 직업과 관련된 문제에 있어서 상시적으로 도움과 서비스를 제공하는 기관들과 협력한다. 여기에는 특히 학교 외부의 교육 및 촉진기관, 청소년 관련 상담기관, 교회를 포함한 지역사회의 사회 및 문화 관련 기관, 주 헌법 61조에서 인정하는 종교 및 세계관 공동체와 세계 종교기관 및 지역의 직업관련 기관 등이 속한다. 학교는 또한 국제적 접촉을 유지하기 위해 노력하여야 한다.

6. 함부르크(Hamburg)

제1부(교육권과 학교의 사명) 제1조(학교교육권)

모든 아동 및 청소년은 자신의 능력과 소질 및 가능성에 따른 교육권을 가진다. 이것은 자신의 성별이나 출신, 인종, 언어, 고향, 출생지, 신념, 종교적이거나 정치적인 가치관 혹은 장애와 상관없이 유효하다. 학교교육에 대한 권리는 이 법의 규정과 운영 방침에 따라서 정해진 학교제도를 통하여 보장된다. 학교교육권으로부터 기인하는 개별적 청구권은 이 법에서 정해 놓은 전제 조건이나 규정을 기초로 하고 있다.

제1부(교육권과 학교의 사명) 제2조(학교의 교육적 사명)

(1) 수업과 교육은 연방의 헌법 및 함부르크의 헌법적 가치를 지향한다. 학교의 과제는 학생들로 하여금 다음과 같은 능력을 함양하며 준비시키는 데 있다.

- 타인과의 관계성은 존중과 관용, 정의와 연대성, 남녀의 평등성의 원칙에 따라서 형성하며 자신과 타인에 대한 책임감을 가지도록 함양한다.
- 인본주의에 입각한 민주주의 사회를 이루는 데 협력하게 하며 다양한 문화 속에서 평화롭게 공동체 생활을 영위하고 모든 사람들의 인권과 평등성을 인정하도록 한다.

○ 자신과 타인의 신체적, 정신적인 복지를 유지하도록 한다.
○ 자연환경에 대한 보호와 유지 및 책임성을 함양한다.

(2) 수업과 교육은 학생들로 하여금 정신적, 신체적, 사회적 능력을 발달시키고 성취력과 성취 준비성을 함양하는 데 초점을 맞춘다. 수업과 교육은 학생들의 독립성, 판단력, 협력심, 소통력, 갈등 조정 능력 및 책임감 있는 결정력을 함양하도록 조성한다.

(3) 일반 학교의 모든 학교 과정과 학교 유형은 연령에 맞는 형태로 노동 및 직업 세계로의 입문 교육을 하며 포괄적인 진로 지도를 보장하여야 한다. 동시에 학생들은 직업 세계와 노동세계 구조에 관한 기본적인 지식을 전수하고 또한 이 영역의 변화 상황에 대하여 가르친다. 수업과 교육은 학생들로 하여금 직업교육 이행을 위해 필요한 직업상 자격증을 획득하도록 조성되어야 한다.

(4) 학교는 지식, 학식, 능력 및 기술의 전수를 통해 인성 함양과 독립심, 결정력을 촉진하여 학생들이 사회, 경제, 직업, 문화 및 정치적인 생활에 적극적으로 참여할 수 있도록 한다.

제1부(교육권과 학교의 사명) 제3조(실현 원칙)

(1) 학교제도는 아동 및 청소년들의 공동 교육과 공동 학습이 최대로 가능한 범위에서 실현될 수 있도록 조성한다. 학교는 이러한 기본 원칙에 따라서 개별 학생들이 가진 내외적인 차이들을 더 촉진하는 일에 기여하여야 한다. 학생들의 확고한 개별화를 바탕으로 한 학습문화가 학교교육을 규정한다.

(2) 국립학교는 원칙적으로 남녀공학학교이다. 만일 교육목적을 촉진하는 데에 도움이 될 경우에는 여학생과 남학생들이 개별 과목

에서 시간제로 분리하여 수업을 받을 수 있다.

(3) 수업과 교육은 각종 불이익의 보상과 기회균등의 실현을 지향한다. 수업과 교육은 학생들로 하여금 개인적인 능력과 재능, 관심 및 소질들을 함양하도록 촉진하며 능력을 최대한 계발하도록 조성되어야 한다. 모국어가 독일어가 아닌 아동과 청소년들은 수업과 학교생활에 적극적인 참여가 가능하도록 촉진하여야 한다.

(4) 학교는 자녀의 교육에 대한 부모의 합법적인 권리를 존중한다. 학교와 부모는 신뢰를 가지고 협력을 하며 상호 간에 학생들의 발달 정보를 교환한다.

(5) 생략.

(6) 학교는 학생들로 하여금 점진적으로 자기 스스로 책임감을 가지고 교육과정을 이수하도록 하기 위하여 연령과 발달 수준에 맞게 최대한 수업과 교육에 참여하도록 개방한다.

(7) 학교는 교육적 사명의 규정 안에서 관련 당국의 다른 기관들과 협력한다. 취학 의무의 완수 이후에도 학교는 아직 어떤 교육도 이수하지 않은 학생들과 상담이 이루어지도록 직업교육 기관, 사회복지기관들과 협력한다.

제2부(수업과 교육의 형성) 제6조(성교육)

(1) 성교육의 사명은 학생들로 하여금 성이나 성생활에 대하여 긍정적인 태도를 갖게 하는 것이다. 성교육은 사생활 영역과 평등권, 동반자적 관계성, 인격적인 관계에서 무폭력성에 대한 의식을 발전시키고 촉진하는 데 있다. 이러한 목적 때문에 학생들은 생물학적, 윤리적, 문화적, 인간의 성 및 성생활의 사회적인 관계성에

대한 기본적인 지식을 습득하여야 한다. 성교육은 인간의 성과 성생활과 관련한 다양한 가치관을 위하여 기본법의 가치 질서의 규정에 의거하여 개방적으로 구성한다. 모든 편파적인 영향력은 배제한다.

(2) 부모들은 성교육의 목적, 내용 및 형태에 대하여 공지를 받는다.

제2부(수업과 교육의 형성) 제7조(종교 수업)

(1) 종교 수업은 정규 과목이다. 종교 수업은 종교 공동체의 기본 원칙과 합의를 통하여 다른 신념이나 세계관에 대한 존중과 관용의 정신을 바탕으로 실행한다.

(2) 어떤 교사도 자신의 의지에 반하여 종교 수업을 할 의무를 가져서는 안 된다.

(3) 종교 수업의 참여 여부는 부모들이 하며, 14세 이후에는 학생이 결정한다.

(4) 학생들은 선택 필수 과목으로 종교 수업 이외에 윤리학이나 철학을 선택할 수도 있다.

7. 헤센(Hessen)

제1부(교육권과 학교의 사명) 제1조(학교교육권)

(1) 모든 아동 및 청소년은 교육권을 가진다. 이 권리는 본 법령이 정한 규정에 의거하여 설치되고 운영되는 학교제도를 통하여 보장된다. 학교 교육권으로부터 나오는 개별적인 청구권은 본 법령에 정해져 있는 전제 조건이나 내용에 따른다.

(2) 학교 입학은 학생의 성별, 장애, 출신국, 종교, 부모의 경제 및 사회적 지위에 따라 정해지는 것이 아니다.

제1부(교육권과 학교의 사명) 제2조(학교의 교육적 사명)

(1) 본 법령의 의미에서 학교는 교사나 학생들의 교체와 상관없이 계획에 의거하여 일반교육 혹은 직업적 자격을 부여하는 수업이 많은 학생에게 다양한 대상 영역에서 이루어지고 교육의 목적을 추구하는 장기적으로 규정된 교육기관이다. 학교는 다양한 학교형태와 교육과정 속에서 헤센 주 헌법 제56조에 의거하여 기독교적이고 인본주의적인 전통에 기인하는 공동의 교육적 사명을 성취한다. 학교는 학생들로 하여금 공동체 가운데서 자신의 인성을 계발할 수 있는 데 기여한다.

(2) 학교는 학생들에게 연방 헌법과 헤센 주의 헌법적 가치를 인정하는 가운데 다음과 같은 능력을 함양하여야 한다.

- 자신과 타인의 기본권이 동등함을 알게 하고 그것을 지키고 인정하도록 한다.
- 국민으로서의 책임감을 인식하며 개인적인 행동과 더불어 타인과의 공동 관심을 통하여 민주주의적 국가 형성과 정의롭고 자유로운 사회구성에 기여한다.
- 기독교적이고 인본주의적 전통을 알게 하고 윤리적 원칙에 따라서 행동하며 종교적, 문화적 가치를 존중하도록 한다.
- 다른 사람에 대한 관계를 존중, 관용의 원칙과 공정함과 연대감의 원칙에 따라서 형성한다.
- 역사, 학문, 문화, 사회에서 남녀평등과 여성들의 능력을 인정한다.

○ 다른 문화를 알게 하고 이해하도록 한다.

○ 모든 사람들의 평등성과 인권을 존중하고 출신, 종교, 세계관이 다른 사람들을 선입견이 없이 만나고 다른 문화권의 사람들과 평화롭게 살도록 기여한다.

(3) 학교는 학생들로 하여금 교육목적에 맞는 지식, 능력 및 가치관을 전수하며 학생들은 특히 다음과 같은 것을 학습한다.

○ 자신뿐만 아니라 타인을 위해 배우고 성취를 이루려는 의지뿐만 아니라 협력과 사회적 행동을 향상시킨다.

○ 남녀 간에 평등한 관계를 발전시킨다.

○ 갈등에 대하여 이성적이고 평화롭게 해결하며 분쟁을 인내하는 것도 배운다.

○ 스스로 정보를 창조하고 또한 자주적인 의견을 만들고 다른 사람들과의 견해를 공정하게 논의할 수 있도록 이를 비판적으로 이용한다.

○ 학생들로 하여금 인지, 감성 및 표현능력을 함양한다.

○ 창의성과 자발성을 함양한다.

(4) 학교는 학생들에게 유럽연합체의 시민으로서 책임감을 인지하도록 준비시킨다.

제1부(교육권과 학교의 사명) 제3조(실현 원리)

(1) 학교는 종교, 세계관, 신앙과 양심의 자유, 자녀의 교육에 대한 부모의 합법적인 권리를 존중하고 생각이 다른 사람들의 감정과 신념을 고려한다.

(2) 생략.

(3) 학교는 어떤 학생에게도 성별, 가문, 인종, 언어, 고향, 출신지, 장애, 신념, 종교 및 정치적 성향에 따라서 차별하거나 특혜를 주어서는 안 된다.

(4) 학교는 남학생과 여학생의 평등성을 촉진하기 위한 환경을 조성해야 한다. 여학생과 남학생은 원칙적으로 함께 수업을 받는다. 다만 교육적으로 의미가 있을 경우에는 남학생과 여학생들이 시간제로 분리되어 수업을 받을 수 있다.

(5) 생략.

(6) 학교는 모든 학생의 공동교육과 공동학습이 최대한의 범위에서 실현되도록 하고, 각 학생들의 신체적, 사회적, 정서적 그리고 인지적인 발달 등 개인적인 상황을 고려하여 적합하게 발달하도록 촉진한다. 학교의 과제는 학습적, 언어적, 신체적, 사회적으로 발달상 지체와 위험성에 대하여 예방적인 조치를 취하는 것이다.

(7) 영재 학생들은 상담이나 추가적인 교육서비스를 통하여 발달을 촉진한다.

(8) 학교제도의 구조는 학생 연령의 특이성, 능력과 소질의 다양성 그리고 생활과 직업적 다양성 등을 통하여 규정한다. 학교 단계 및 학교 형태는 상호 간의 전환이 용이하도록 협력한다.

(9) 학교는 학생들의 복지와 심리적, 신체적 안전 및 정신적 자유를 지키고 발전하도록 조력할 의무가 있다. 이는 학교제도나 수업을 운영하는 데 있어서 고려되어야 한다. 흡연은 학교 내에서와 학교 지역에서는 금지되어 있다. 수업이나 숙제 및 학교 행사의 학생들에 대한 요구나 부담은 나이에 맞게 무리가 없어야 하며 학생들 개인적으로 활동할 충분한 시간이 반드시 주어져야 한다.

(10) 학교는 청소년국과 협력한다. 학교는 학생의 복지에 위험이나 해로운 문제가 발생할 경우에는 관계 청소년국에 공지한다.

(11) 생략.

(12) 학교는 학생들의 자주성 함양을 교육하는 목적에 맞게 수업 형태와 방법이 조성되어야 한다. 교육의 사명을 완수하기 위하여 관계자들, 특히 부모, 교사, 학생은 서로 협력해야 한다.

(13) 학교는 직업 선택이나 직업활동에 대한 학생들의 준비와 더불어 가족이나 다른 사회적 관계에서 활동을 위하여 다른 기관들과 협력을 하여야 한다.

(14) 독일어를 사용하지 않는 학생들은 어학적 지식을 충분히 얻기 위하여 특별한 서비스를 통해 자신의 적성에 적합하게 독일어를 사용하는 학생들과 함께 수업을 받으며 동등하게 졸업을 할 수 있어야 한다.

(15) 생략.

제2부(수업 내용과 시간표) 제7조(성교육)

(1) 전인교육의 한 부분으로서 학교의 사명에 해당하는 성교육을 통하여 학생의 연령에 적합하게 생물학적, 윤리학적, 종교적, 문화적 그리고 사회적인 사실과 인간의 성생활의 관계성에 대하여 잘 알려주어야 한다. 성교육은 현재나 미래의 인격적이고 동반자적인 관계의 사생활 영역에서와 무폭력적이고 공손한 행동에 대한 인식을 발달시켜야 하며 부부나 가족의 기본적인 의미에 대하여 전수하여야 한다. 모든 편파적인 영향력의 행사는 피해야 한다.

(2) 부모들은 성교육의 목적, 내용 및 형태에 대하여 적시에 공지를 받는다.

제2부(수업 내용과 시간표) 제8조(종교 수업과 윤리 수업)

(1) 종교는 정규 수업 과목이다. 국가적인 감독권이 있음에도 불구하고 종교 수업은 교회의 기본 원칙이나 혹은 종교 공동체의 기본 원칙과의 합의하에 실시된다. 교회나 종교 공동체는 종교 수업이 그들의 신앙의 기본 원칙과 일치하는 가운데 수업을 하는지 담당자를 통하여 확인할 수 있다.

(2) 생략.

(3) 종교 수업 탈퇴는 가능하다. 이 결정은 부모가 내리는데, 14세 이후에는 학생이 결정한다.

(4) 종교 수업에 참여하지 않는 학생들은 가치관이나 윤리적인 기본 원칙과 윤리적, 철학적 그리고 종교적인 질문에 대한 이해를 돕는 윤리 수업에 참여할 의무를 가진다. 다양한 학교, 학교 형태 및 학년의 학생들은 교육적으로 여러 가지 교수 집단으로 구성될 수 있다.

(5) 윤리 수업의 입문과 구성은 규정을 통하여 구체적으로 정해진다.

8. 메클렌부르크-포어포메른(Mecklenburg-Vorpommern)

제1부(학교 교육권과 학교의 사명) 제1조(만인을 위한 학교교육)

(1) 각 개인은 학교 교육권을 가진다. 이 권리는 본 법령에 따라서 설치되고 운영되는 학교를 통하여 보장된다. 학교교육에 대한 권리

로부터 나오는 개별적 권리 청구권은 이 법에 근거를 두고 정해진다.

(2) 각 개인은 자신의 경제적인, 사회적인 지위나 자신의 세계관 혹은 정치적 신념과는 상관없이 자신의 재능에 따라서 모든 공립 교육기관에 자유롭게 입학할 권리를 가진다.

제1부(학교 교육권과 학교의 사명) 제2조(학교의 교육적 사명)

(1) 학교의 교육적 사명은 독일연방공화국의 기본법과 메클렌부르크-포어포메른 주의 헌법에서 정한 가치판단을 통하여 규정하고 있다. 학교교육의 목적은 남녀의 평등성과 관용의 정신을 바탕으로 성숙하고 다양한 인성과 타인이나 다른 국민, 미래 세대에 대하여 공동체적 책임감을 가지는 것이다.

(2) 학교는 학생들로 하여금 지식, 학문, 능력, 숙련성, 태도 및 행동을 바탕으로 인격 함양과 자기 결정력 및 책임성을 촉진시킨다. 또한 그들로 하여금 적극적이며 책임감 있게 사회, 경제, 문화 및 정치적인 생활에 참여할 수 있는 능력을 배양한다.

(3) 생략.

제1부(학교 교육권과 학교의 사명) 제3조(학습 목표)

학생들은 학교에서 특히 다음과 같은 사항들을 학습한다.

○ 독립성을 함양하고 스스로 책임감 있게 행동하는 것을 배운다.

○ 개인적 지각능력, 인지능력 및 표현능력을 기른다.

○ 독립적으로 뿐만 아니라 타인과 함께 협력하여 성취를 이루도록 한다.

○ 사회적이고 정치적인 공동 책임 의식을 기르고 공동의 관심사에 대한 인식을 함양하기 위하여 협력한다.
○ 스스로 정보를 창조하고 그것을 비판적으로 사용한다.
○ 개인적 의견을 표명하며 타인의 의견을 존중한다.
○ 헌법의 기본적인 규범을 이해하고 정의, 평화 및 창의의 정신을 함양한다.
○ 종교적, 세계관적인 질문에 대한 자신의 견해를 가지며, 다른 사람의 결정에 대하여 이해심과 관용의 정신을 발전시킨다.
○ 개인의 권리를 지키고, 타인의 권리에 대해서도 자신의 것처럼 생각하며 의무를 인식하고 그것을 이행하도록 한다.
○ 여러 갈등을 인식하고 감당하며 이를 이성적으로 해결하는 능력을 함양한다.
○ 전체주의적 혹은 권위주의적 권력의 원인과 위험성을 인식하도록 하고 그것에 대하여 저항하며 저지하도록 한다.
○ 개인의 개성과 타 문화권 국민의 생존권과 모든 사람들의 생명권 및 평등권을 이해하는 능력을 함양한다.
○ 자연과 환경에 대하여 책임성 있는 행동을 배운다.
○ 여성과 남성의 평등성에 대하여 인식한다.
○ 경제와 생태계 간의 연계성에 대한 이해를 함양한다.

제1부(학교 교육권과 학교의 사명) 제4조(학교의 사명 실현을 위한 원칙)

(1) 학교는 학생, 학부모, 교사들의 종교적, 세계관적인 신념과 학부모들의 자녀의 교육에 대한 합법적인 권리를 존중하여야 한다.

(2) 학교와 수업은 모든 학생에게 동등한 교육적 기회 제공을 지향한다. 각 학생들의 능력, 관심 및 소질에 맞는 촉진 활동을 보장한다. 학생들은 인성 발달을 강화시켜야 하며 개별적인 학습적 문제들을 적합한 촉진조치를 통하여 해결되어야 한다. 수업은 학생들의 공동적인 학습 및 교육 활동이 가능한 최대한의 범위 안에서 실현될 수 있도록 조성되어야 한다.

(3) 일반교육과 직업교육의 중요성은 동일 선상에 있다. 이 과정에서 발생하는 불이익을 제거하고 성별에 따른 교육 및 노동시장의 극복을 위하여 노력하여야 한다. 학교는 학생의 적성과 능력에 맞는 직업교육과 직장생활을 위한 환경을 조성하여야 한다. 학교와 노동 및 직업 세계와의 협력은 특히 노동-경제-공학 등의 학습 영역에서의 실습을 통하여 촉진되어야 한다.

(4) 주, 지방자치단체와 사립기관들은 학교의 교육적 사명을 성취하는 데 있어서 교사, 학생, 학부모와 학교 외부에서 직업교육 책임자들과 본 법령에 규정된 범위 내에서 협력한다.

(5) 학부모들은 학생들의 학교생활 조성에 참여한다. 학부모들의 특별한 경험이나 능력들은 수업에 매우 유익한 것으로 본다. 특히 수업 외의 학교 행사에 학부모들이 직접 참여하여야 한다. 학교는 자녀의 교육과 관련해 부모들을 상담하거나 지원한다.

(6) 남녀학생들은 원칙적으로 공동으로 수업을 받는다. 다만 교육적으로 의미가 있을 경우에만 시간제로 분리되어 수업을 받을 수 있다. 이에 대해서는 학교 교직원회의에서 전문위원의 제안을 바탕으로 결정을 한다.

(7), (8) 생략.

(9) 학생들은 학교의 종합계획을 토대로 수업 내용의 선택하여 참여한다. 수업의 전문적이고 교육학적인 목적에 대하여 학생들에게 설명한다.

제2부(수업의 대상 영역, 교육 계획과 시간표) 제6조(성교육)

(1) 성교육의 목적은 학생들로 하여금 연령에 맞게 생물학적, 윤리학적, 문화적, 사회적인 사실과 인간의 성생활이나 성에 대하여 익숙하도록 하는 것이다. 성교육은 부부나 가족 및 인생의 동반자처럼 인격적인 관계 속에서 사생활 영역과 동반자적인 행동을 발전시켜야 한다. 성교육의 목적, 내용, 형태 및 사용하는 교재나 교구는 부모에게 적시에 전달하고 그들과 논의한다.

9. 니더작센(Niedersachsen)

제1부(일반 규정) 제2조(학교의 교육적 사명)

(1) 학교는 취학 전 교육에 이어서 학생들의 인성을 자유롭고 민주적이며 사회적 자유 이념과 유럽의 인본주의적인 바탕 위에서 계속 함양하여야 한다. 교육과 수업은 독일 연방공화국의 헌법과 니더작센의 헌법과 부합되어야 하며 학교는 이 법령에 기초한 가치관을 전수하여야 한다. 학생들은 다음과 같은 능력을 함양하여야 한다.

◦ 자신과 아울러 다른 사람들의 기본권이 동등하게 소중함을 인식하고 이로부터 국민적 책임을 알고 민주주의적인 사회로 조성하는 데 이바지하도록 한다.

○ 윤리적인 원칙에 따라서 행동하고 문화적, 종교적 가치를 이해하고 존중하도록 한다.

○ 타인과의 관계는 공정성, 협동성 및 관용, 남녀평등성의 원칙에 따라서 형성한다.

○ 민족 간의 상호 이해, 특히 유럽민족의 공동의 미래에 대한 인식을 가지고 지원하며 타 민족 및 문화권과의 공생 의식을 함양한다.

○ 경제학 및 생태학적인 관계성을 인식한다.

○ 환경 보존에 대한 책임성을 가지고 건강에 대하여 인식하며 생활한다.

○ 분쟁이나 갈등을 이성적으로 해결하도록 할 뿐만 아니라 갈등을 인내하도록 한다.

○ 스스로 정보를 습득하고 이를 비판적으로 사용한다.

○ 저지(低地) 독일인과 니더작센 주 프리슬란트 지방의 각 지역적인 특성을 고려한 가운데 인지능력 및 감정능력과 표현능력을 계발시킨다.

○ 직업생활 중 자신의 권리를 주장하고 사회생활에 책임감 있게 참여하도록 한다.

○ 학교는 학생들에게 필요한 지식과 숙련성을 전수하여야 한다. 동시에 개인적으로 뿐만 아니라 타인들과 함께 협력하고 성취를 이룰 수 있는 능력과 준비성을 가르쳐야 한다.

○ 학생들은 자립성을 키워야 하며 자신의 능력을 학교 졸업 후에도 계속 발전하도록 배워야 한다.

(2) 학교는 교사와 더불어 학생들에게 교육적 과제를 완성하기 위하여 요구되는 경험의 공간과 인생 설계의 자유를 제공하여야 한다.

제1부(일반 규정) 제3조(신념 및 세계관의 자유)

(1) 공립학교는 원칙적으로 학생들의 모든 신념과 세계관을 인정한다.

(2) 공립학교는 학생들에게 신념과 세계관의 차별이 없는 교육과 수업을 한다. 교육과 수업에서 종교적이거나 세계관적인 신념의 자유가 존중되며 다른 생각을 하는 사람들의 의견을 고려하여야 한다.

제1부(일반 규정) 제4조(통합학교)

(1) 공립학교는 모든 학생들에게 방해물 없이 평등한 입학이 가능하며, 이것이 통합학교이다. 어떤 학교 형태에 학생이 입학할 것인가는 학부모들이 결정한다(59조 1항).

(2) 공립학교에서 학생들은 장애 학생과 비장애 학생들이 함께 교육을 받는다. 이미 장애가 있거나 발생 위험이 있어 특수교육적인 지원을 필요로 하는 학생들은 효과적인 개별적 조치 지원을 받는다. 특수교육적 지원을 하는 장애 영역은 학습, 정서 및 사회성, 언어, 정신, 지체 및 운동, 시각, 청각장애이다.

제4부(학생) 제54조(교육권)

(1) 주(州)는 니더작센에 거주하는 모든 학생에게 교육권을 실현할 수 있도록 가능한 범주에서 학교제도를 촉진할 의무가 있다. 학교제도는 재능에 적합하게 개별적으로 촉진과 수업이 가능해야 하며 분명한 수업적 서비스가 제공되어야 한다. 교육 기회에서 차별과 불이익을 받는 학생에게 특별한 촉진을 통하여 가능한 한 보상되어야 한다. 또한 영재학생들도 특별히 촉진되어야 한다.

(2)~(5) 생략.

(6) 학부모는 합법적인 권리와 함께 가능한 한 학생이 그들의 능력과 발달에 적합한 교육과정을 성취하기 위해 조력할 의무를 가진다.
(7) 모든 아동 및 청소년은 자신의 능력과 적성에 따른 교육권을 가지며, 자신의 가능성에 따른 교육을 요구할 권리를 가진다.

제9부(종교 수업, 가치와 규범 수업) 제124조(종교 수업)
(1) 종교 수업은 공립학교에서 정규 과목이다. 동일한 종교를 가진 최소한 12명의 학생들을 위하여 학교에서 종교 수업이 실시된다.
(2) 종교 수업에 참여 여부는 부모가 결정한다. 14살 이후에는 학생에게 결정권이 주어진다. 종교 수업 비참여자는 학교운영진에 서면으로 제출한다.
(3) 생략.

제9부(종교 수업, 가치와 규범 수업) 제125조(종교 수업을 위한 종교 공동체의 협력)
종교 수업은 종교 공동체의 기본 원칙에 합의하여 실시한다. 교육청은 관련 지침을 공포하고 종교 공동체의 합의하에 교재를 허락한다.

제9부(종교 수업, 가치와 규범 수업) 제128조(가치와 규범 수업)
(1) 종교 수업에 참여하지 않는 자는 만일 학교에 개설되어 있다면 그 대신에 가치와 규범 수업에 참여할 의무를 가진다. 학교는 가치와 규범 수업을 5학년부터 정식 교과목으로 두어야 한다(이하 생략).
(2) 가치와 규범 과목에서는 종교적 지식, 사회적으로 영향력 있는

가치관과 규범, 철학적, 세계관적이며 종교적인 질문들에 대하여 전수한다.

10. 노르트라인-베스트팔렌(Nordrhein-Westfalen)

제1부(일반 원칙) 제1조(교육권과 개별 촉진권)

(1) 모든 아동 및 청소년은 자신의 경제적 형편, 출신, 성별에 상관없이 학교교육과 개별적 촉진에 대한 권리를 가진다. 이 권리는 본 법령의 기준에 의거하여 보장된다.

(2) 아동과 청소년들의 능력, 소질 및 부모의 의지로 교육과정이 결정된다. 학교교육에 대한 기회는 학습 준비도와 성취능력에 따라서 모든 학생들에게 열려있다.

제1부(일반 원칙) 제2조(학교의 교육적 사명)

(1) 학교는 연방 헌법과 주 헌법의 토대 위에서 청소년들을 교육하고 수업한다. 학교는 주 헌법의 제7조에 정해진 일반적인 교육목적을 실현한다.

(2) 하나님에 대한 경외, 인간의 존엄성에 대한 존중과 사회적 행동을 함양하는 것이 교육의 최상의 목적이다. 아동 및 청소년은 인간애, 민주주의 및 자유의 정신을 바탕으로 관용, 타인의 신념에 대한 존중, 동물에 대한 책임감, 자연적인 삶을 위한 환경 유지, 국민과 조국에 대한 사랑, 민족 공동체와 평화 사상을 함양하도록 교육받아야 한다.

(3) 학교는 부모의 교육권을 존중한다. 학교와 부모는 교육의 목적을

실현하기 위하여 동반자적인 관계에서 협력한다.

(4) 학교는 교육적 사명을 완수하기 위하여 학생들에게 필요한 지식, 능력, 가치관을 전수하며 동시에 학생 개개인의 조건들을 고려하여야 한다. 학교는 학생들의 인성을 촉진하고 자결의 능력을 함양하며 공동의 복지와 자연 및 환경에 대한 책임 의식을 촉진한다. 학생들은 사회적, 경제적, 문화적, 직업적 혹은 정치적인 삶에서 책임감 있게 참여할 수 있는 능력을 함양하고 자신의 삶을 형성하도록 한다. 학생들은 원칙적으로 남녀가 함께 수업과 교육을 받는다(남녀공학).

(5) 학교는 장애인과 비장애 학생 간에 선입견이 없는 관계와 만남을 형성하도록 촉진한다. 그들은 일반적으로 함께 교육과 수업을 받는다(통합교육). 특수교육학적인 촉진이 필요한 학생들은 최대한 학교 및 직업적으로 통합과 사회적 참여 및 독립적인 삶이 가능하도록 그들의 개별적인 필요에 따라서 특별한 촉진을 받는다.

(6) 학생들은 특별히 다음과 같은 내용들을 학습해야 한다.

○ 독립적이고 스스로 책임지는 행동을 하도록 한다.

○ 혼자뿐만 아니라 다른 사람들과 함께 배우고 성취하는 것을 배운다.

○ 종교적, 세계관적 문제를 개별적으로 결정하며 타인의 결정에 대하여 이해와 관용을 발전시킨다.

○ 다양한 출신의 사람들과 선입견이 없이 만남을 형성하고 다양한 문화의 가치를 배워 알고 평화적이고 차별이 없는 공동체 생활을 지지하도록 배운다.

○ 연방 헌법과 주 헌법의 기본적인 규범을 이해하고 민주주의를 지

지하도록 한다.

- 개인의 인지력, 감각력 및 표현력과 음악적이고 예술적인 능력을 계발하도록 한다.
- 운동이나 함께하는 스포츠에 대한 기쁨을 함양하고 스스로 생계를 이어가고 건강하게 살도록 한다.
- 대중매체에를 책임감 있고 안전하게 다루도록 한다.

(7) 학교는 다양한 종교적, 세계관적 그리고 정치적인 신념 및 가치관에 대하여 개방성과 관용을 유지한다. 학교는 남녀평등성의 원칙을 존중하며 현존하는 불이익을 제거하도록 한다. 학교는 다른 의견을 가진 사람들의 감정을 다치게 하는 모든 것을 예방하도록 한다. 학생들은 편파적인 영향을 받아서는 안 된다.

(8) 학교는 자유롭고 민주주의적인 기본 질서 가운데 다양한 의견의 표현이 가능하고 그것이 존중되어야 한다. 교장과 교사는 자신의 과제를 중립적인 입장에서 인식하여야 한다.

(9) 수업은 학생들로 하여금 학습의 기쁨을 가지도록 하고 계속 촉진되어야 한다. 또한 동기를 부여하고 평생 동안 지속적으로 배우기 위한 전략과 방법을 발전시킬 능력을 함양하도록 한다. 학교는 학생의 학업성취의 저하나 다른 장애에 대하여 부모의 조기 개입과 함께 예방적인 조치를 취한다.

(10) 학교는 모국어가 독일어가 아닌 학생들을 통합하기 하여 독일어 능력을 습득하기 위한 서비스를 통하여 촉진시킨다. 동시에 학교는 학생들의 윤리적, 문화적, 언어적인 정체성(모국어)을 존중하고 촉진시킨다. 그들이 다른 모든 학생과 함께 수업을 받고 동일하게 졸업이 가능하도록 이끈다.

(11) 특별히 영재 학생들은 상담과 보충적인 교육 지원을 통하여 그들의 발달을 촉진한다.

제3부(수업 내용) 제31조(종교 수업)

(1) 종교 수업은 세계관(교단)학교를 제외하고는 모든 학교에서 정규과목이다. 종교 수업은 종파에 따라 나뉘고 해당 교회나 종교 공동체의 기본 원칙이나 교리와의 합의하에 실시된다. 종교 수업은 각 학교에 최소한 12명의 학생들이 동일한 신앙을 가진 경우에 실시된다.

(2) 정부 관련 부서는 종교 수업을 위한 원칙을 교회나 종교 공동체의 동의하에 공포하여야 한다. 수업 시간의 수는 교회와 종교 공동체와 합의하여 정부 관련 부서가 정한다.

(3) 교사는 종교 수업의 실시를 위하여 국가적인 차원에서의 수업목적과 더불어 교회나 종교 공동체의 전권이 필요하다. 종교 수업은 국가적인 차원에서 교육받은 교사가 없는 경우에는 성직자나 교회 교사 혹은 종교 공동체로부터 위임받은 교사나 교리교사에 의하여 수업이 실시될 수 있다. 이를 위하여 그들은 국가적인 수업에 대한 사명과 교회나 종교 공동체를 통한 전권을 필요로 한다.

(4) 어떤 누구도 종교 수업을 하도록 강제할 수 없다. 종교 수업의 실행을 거부하는 교사들은 이것으로서 공직자의 권리상 불이익을 받아서는 안 된다.

(5) 종교 수업은 특히 수업의 규정이나 실행에 관계한 국가 차원의 학교감독청에서 관리를 받는다. 교회나 종교 공동체는 종교 수업을 감독할 권리를 가지며 최고의 교회 운영기관으로서의 권리를

가지고 수업에 방문할 권리를 가진다. 감독 과정은 교회나 종교 공동체와 정부 부처의 합의를 통하여 규정이 정해진다.

(6) 부모의 결정이나 학생이 종교적 책임을 지는 연령(14세 이상)인 경우에는 자신의 결정을 근거로 종교 수업에서 자유로울 수 있다. 이 결정은 교장에게 서면으로 전달되어야 한다. 부모는 종교 수업의 면제에 대하여 통보를 받는다.

제3부(수업 내용) 제32조(실천철학, 철학)

(1) 종교 수업에 참여하지 않는 학생들은 만일 학교에 설치되어 있을 경우에는 실천철학 과목에 참여한다. 김나지움의 상급 학년에서는 종교 수업의 면제 이후에 철학 과목을 이수해야 할 의무가 있다.

제3부(수업 내용) 제33조(성교육)

(1) 범교과적인 학교의 성교육은 부모를 통하여 보충된다. 성교육의 목적은 학생들로 하여금 나이와 발달 수준에 맞도록 성과 성생활에서 생물학적, 윤리적, 사회적, 문화적인 질문들에 대하여 숙달하도록 하며 자유로운 결정 가운데서 자신뿐만 아니라 타인에 대해서도 책임감을 가지고 자신의 삶과 자아의식을 조성하도록 돕는 것이다. 성교육은 청소년들이 성생활에 관한 질문에서 자신의 가치관을 발전시키고 개인의 성생활에서 자기 결정적이고 자아의식적으로 처신할 능력을 함양하도록 지원하는 것이다. 또한 인생의 동반자들과 책임감을 가지고 관계성에 민감하도록 하며 부부, 가족 및 다른 동반자들에게도 동등한 권리를 가진 역할을

준비하도록 한다.

(2) 부모는 성교육의 목적과 내용 및 방법과 교재, 교구에 대하여 공지를 받는다.

11. 라인란트-팔츠(Rheinland-Pfalz)

제1부(기초) 제1조(학교의 사명)

(1) 학교의 사명은 아동 및 청소년 자신의 소질이나 능력의 확대에 대한 촉진권과 시민에 대한 국가 및 사회의 요구권으로부터 정해져 있는 바, 이는 개인의 종교, 세계관, 인종, 출신, 장애, 성별 혹은 성적 정체성과는 상관없으며, 권리의 인식과 의무를 전수받기 위하여 충분하게 준비시키는 것이다.

(2) 사명을 완수하는 데 있어서 학교는 하나님과 이웃에 대한 책임감 가운데 자기결정권, 윤리적 규범의 인정, 남녀의 동등권, 장애인과 비장애인의 평등권, 타인의 의견 존중, 자유롭고 민주주의적이며 사회적 법치국가에서 사회적이며 정치적인 과제를 전수받도록 교육하며 무폭력적인 민족 공동체 생활의 의식을 함양하는 것이다. 학교는 학생들로 하여금 독립적인 판단, 스스로 책임지는 행동, 능력을 발휘하도록 준비를 시킨다. 학교는 지식과 숙련성을 전수하며 인성의 자유로운 계발, 현대 사회에서 삶의 올바른 방향성을 찾게 하고 자연과 환경에 대한 책임의식을 강화하며 국가, 사회 및 직업에서의 과제를 완수하기 위한 능력을 기른다. 학교는 이민을 온 학생들을 통합하는 데 이바지한다. 모든 학교는 특수교육적 촉진을 필요로 하는 학생들을 통합하는 데

협력한다.

(3) 학교의 사명에는 성교육도 해당한다. 학교는 책임의식을 가진 성적(性的) 행동도 총제적인 교육의 한 부분으로 교과목이나 학제를 초월하여 교육한다. 학교는 남학생과 여학생들로 하여금 그들의 연령과 성숙도에 따라서 인간적이며 사회적이고 동등한 동반자적인 능력을 가지도록 한다. 성교육은 연방 헌법과 라인란트-팔츠 주의 헌법에 의하여 정해진 부부와 가족에 대한 가치판단을 존중해야 하며 관용의 정신을 고려하여야 한다. 성교육의 목적, 내용 및 형태에 대하여 학교는 부모에게 적시에 알려야 한다.

(4) 학교제도를 구성할 때 관계자들은 남녀의 평등성을 계획하고 실행과 평가에 처음부터 모든 영역과 모든 차원에서 고려해야 한다(성 주류화(Gender Main-streaming)).

제1부(기초) 제2조(부모와 학교)

(1) 학교는 자신의 사명을 완수하는 데 당연하고 합법적인 자녀의 교육에 관한 권리를 존중하여야 한다.

(2) 학교와 부모는 교육에 대한 아동의 권리에 대하여 함께 보장한다. 그들은 아동의 적성과 능력 및 발달에 적합하게 공교육 서비스를 제공하도록 한다.

(3) 부모의 교육권과 국가적인 교육적 사명은 학교에서 상호 간에 동등한 의미를 가진다. 공통적인 교육 과제는 신뢰를 바탕으로 한 동반자적인 협력과 학교 문제에서 상호 정보교환 및 조력과 아울러 상호 관계 가운데서 개방성과 솔직성의 의무를 가진다. 가능한 범주 내에서 부모들은 학교를 지원하며 학교의 계획에 따

라 촉진활동과 학교의 과제를 맡을 수도 있다.

(4) 부모는 교과목, 교육학적 혹은 학교 문제 상담, 정보 공지에 대한 권리를 가진다.

(5) 부모는 아동이 초등학교 혹은 중학교 과정을 다니는 동안에 수업이나 학교 행사에 참여할 수 있는 요구권을 가진다. 그들은 수업이나 학교의 교육적인 요구를 고려하여야 한다. 구체적인 내용은 학교규정에서 정하고 있다.

(6) 부모는 학교에 자녀의 학교생활에 영향을 미칠 수 있는 상황에 대하여 공지한다.

(7) 학교는 부모에게 교육과 수업의 모든 실제적인 문제에 대하여 공지한다.

제1부(기초) 제3조(학생)

(1) 학생들은 학교에서 교육권을 인식한다.

(2) 학교는 학생들로 하여금 인성 발달을 촉진한다. 학교는 학생들에게 학교생활에 필요한 모든 문제에 정보, 상담, 지원 및 도움을 제공하고 학교 문제 상황에서 도울 담당자를 추천 한다. 만일 학생의 복지에 위험성의 주요 요소가 인지되고 학교규정으로 도움이 불가능한 경우에는 학교가 필요한 도움을 광범위하게 요청하도록 노력하며 청소년복지청과 협력한다.

(3), (4) 생략.

(5) 장애 학생은 행정적, 공간적, 인적 혹은 조직적인 환경이 조성되어 있을 경우에는 학교 교육에서 주 헌법 2조 3항에 의거하여 기본적으로 아무런 불이익이 없이 비장애인 학생과 동등한 권리

를 가지고 교육적 서비스를 이용할 수 있어야 한다. 수업이나 학업 성취에 있어서 장애 학생들의 특별한 요구 사항들이 고려되어야 하며 장애로 인한 불이익을 보상받기 위해 필요한 조치가 보장된다.

12. 자르란트(Saarland)

제1부(학교제도의 과제) 제1조(학교의 수업과 교육적 과제 및 보호사명과 질)

(1) 학교의 사명은 모든 청소년들로 하여금 출신이나 경제적인 형편에 상관없이 자신의 자질과 능력에 따라서 교육과 수업을 받을 권리를 가지고 있으며, 국가와 사회에서 권리와 의무를 인식하고 책임감을 위임받을 준비를 해야 하는 것으로 정하고 있다.

(2) 따라서 학교는 교육과 수업을 통하여 학생들로 하여금 하나님과 사람들 앞에서 책임의식을 가지고 자결권, 윤리적 규범의 인정, 타인의 신념 존중, 가족 및 직업, 공동체에 대한 의무의 충실, 자유롭고 민주주의적인 법치국가의 시민으로서 사회와 정치적 과제의 위임, 자유와 민주적인 기본 질서를 바탕으로 사회를 만들어 가는 데 협력하는 능력을 함양하여야 한다.

(2a) 학교는 학생들로 하여금 기독교적인 교육 및 문화적 가치의 바탕 위에서 다른 신념을 가진 학생들의 감정을 고려하도록 수업과 교육을 해야 한다. 학교의 교육적 사명은 학생과 학부모의 정치적, 종교적, 세계관적 혹은 유사한 사고방식들이 주(州)의 중립적 입장이나 정치적, 종교적 혹은 세계관적으로 학교 평화를

위험하게 하거나 손상하지 않는 범위 내에서 완수되어야 한다.

(2b) 학교의 수업이나 교육적 사명과 관련하여 학생들을 폭력이나 방임, 착취, 신체적 혹은 정신적인 방치에서 보호해야 할 의무를 가진다.

(3) 학교의 사명을 완수할 때에 학교는 부모의 권리를 존중한다.

(4) 학교는 교육활동의 질적 보장과 지속적인 발전에 대한 의무를 가진다.

(5) 수업을 위해 필요한 규정들은 학교의 교육과 수업의 사명과 부합하여야 한다.

제1부(학교제도의 과제) 제10조(종교 수업의 기본 원칙)

(1) 종교 수업은 모든 공립학교에서 정규 과목이다.

(2) 전문교육을 하는 학교에서 종교가 직업교육에 속하는 경우에 종교 수업은 정규 과목이다.

(3) 종교교육은 종교에 따라서 구분하고 해당 교회나 종교 공동체의 교리나 기본 원칙의 합의하에서 실시된다.

제1부(학교제도의 과제) 제11조(종교교사)

(1) 종교 수업은 교사나 혹은 성직자에 의하여 실시된다.

(2) 교사는 자발적으로 결정하여 종교 수업 실시를 위임받는다. 종교 수업을 실시를 위한 전제 조건은 국가가 인정하는 교수 능력과 교회 및 종교 공동체에 의한 전권 위임이다.

(3) 어떤 교사도 종교 수업을 실시하는 데 강제되어서는 안 된다. 종교 수업의 실시를 거부하는 교사는 공무원법상 어떤 불이익도 받

아서는 안 된다.

(4) 종교 수업을 실시하는 성직자(예: 목사, 신부, 보좌 신부, 부목사 등)는 국가적인 차원에서의 수업적 사명이 필요하다. 구체적인 것은 교회나 혹은 종교 공동체와 학교 감독청과의 합의를 통하여 정한다.

(5) 생략.

(6) 만일 종교 수업이 교사나 혹은 성직자를 통하여 실시되는 것이 보장되지 못할 경우에 교회적 차원에서 교육을 받은 사람에 의하여 수업이 진행될 수 있다. 충분한 교육이나 적성 혹은 교수 능력을 증명하기 위한 지침은 교회나 혹은 종교 공동체와 학교 감독관청 간에 합의한다.

제1부(학교제도의 과제) 제12조(교육과정과 교재)

종교 수업에 대한 교육과정이나 교재는 학교 감독관청의 승인이 필요하다.

제1부(학교제도의 과제) 제13조(종교 수업에 대한 감독)

(1) 종교 수업은 정규 교과목으로서 국가적인 학교 감독기관의 지시를 받고 있다. 학교 감독기관은 시간표, 수업 시간 및 학교 규정에 참여하게 된다.

(2) 종교 수업의 주당 수업 시간은 교회나 종교 공동체가 학교 감독기관과 협조하여 정해진다.

(3) 종교 수업에 대한 교회나 종교 공동체의 감독은 국가 차원의 학교 감독기관과의 협력을 통하여 종교교육학에서 전문적인 담당자

를 통하여 실시된다. 교회 최고 기관의 종교 수업 방문에 대한 권리는 보장된다.

제1부(학교제도의 과제) 제14조(종교 수업 참여)

부모는 자녀의 종교 수업에 대한 참여를 거부할 수 있다. 만 18세 이후에는 이 권리가 학생에게 주어진다. 종교 수업에 대한 미참여 요구서는 학생이나 부모가 교장에게 서면으로 제출해야 한다.

제1부(학교제도의 과제) 제15조(성교육)

(1) 성교육은 학교의 수업 및 교육적 과제에 속한다.

(2) 성교육의 목적은 학생들은 성이나 성생활에 대한 질문에 있어서 연령에 적합하게 윤리적 결정과 일정한 행동양식을 함양하고 무엇보다도 부부, 가족과 인간적이고 사회적인 동반자적 관계를 발전시키고 책임의식을 강화시키는 것이다.

성교육은 다양한 가치관에 대하여 개방적이어야 하며 편파적인 영향력으로 학생들을 이끌어서는 안 된다.

(3) 성교육은 다양한 과목(범교과적으로)의 수업 시간에 실시되어야 한다.

(4) 부모는 성교육의 목적, 내용 및 형태에 대하여 적시에 공지를 받는다.

(5) 성교육의 목적, 내용 및 범위와 각 학년별 혹은 과목별 편제에 대한 구체적인 것은 학교 감독관청이 정한다.

13. 작센(Sachsen)

제1부(적용 범위, 교육권과 학교의 사명) 제2조(교육권)

(1) 작센 주에 살거나 임시적으로 거주하는 아동과 청소년은 일반교육 및 직업학교의 교육을 받을 권리를 가진다. 이 권리는 본 법령의 규정에 따라서 설치되고 운영되는 학교제도를 통하여 보장된다. 이러한 권리로부터 나오는 개별적인 요구권은 이 법에 있는 전제 조건이나 내용에 의거하며 규정되어 있다.

(2) 생략.

(3) 모든 아동 및 청소년에게 작센 주의 학교제도의 시설은 열려 있는데 자신의 출신, 출생국, 국적, 성별, 장애, 부모의 경제적이며 사회적인 지위와는 무관하다. 작센 주는 모든 아동에게 이 권리가 인지되도록 보장하여야 한다. 특히 불이익을 당하거나 혹은 특수교육이 필요한 아동과 청소년에게 작센 주는 특히 학교 건물의 편의시설의 설치를 위하여 학교 당국의 추가 예산 지출을 촉진한다.

제1부(학교제도의 과제) 제3조(소르브인(독일 동부에 살고 있는 유일한 소수민족인 서슬라브족의 일파)의 거주 지역에 소재하는 학교)

(1) 소르브인 거주 지역에 있는 학생들은 소르브어를 배우고 소르브어로 된 일정 과목과 학제로 수업을 받을 권리를 가진다. 소르브인 거주지역에 있는 학교에서 소르브인의 역사와 문화는 교육활동에 포함되고 그들에 대한 법적인 보장 아래에서 학교는 공개적인 문화적 활동의 장소로 관리된다. 더 나아가서 작센 주에 있

는 모든 학교는 소르브 민족의 역사와 문화에 대한 기본 지식을 전수할 의무를 가진다.

(2) 소르브어와 독일어의 이중 언어로 교육을 원하는 부모의 자녀에게 소르브 학교 입학이 보장되어야 한다.

(3) 소르브어로 된 교과목과 학제의 결정이나 특히 소르브 학교의 소재지 등 소르브 학교 체제에 대한 결정은 주무 교육부의 책무에 속한다. 그러나 그 결정은 라우지츠(Lausitz) 지역에 있는 소르브인 협의회의 협조와 학교 재단과의 합의 속에서 이루어진다.

(4) 소르브 학교의 전문 감독은 소르브인인 전문가의 참여와 함께 상위 감독 기관을 통하여 실시된다 소르브 학교와 관련되는 모든 문서는 소르브어와 독일어 등 이중 언어로 발표된다.

제1부(학교제도의 과제) 제4조(학교의 사명)

(1) 학교의 교육적 사명은 원칙적으로 독일 연방 헌법 7조와 작센주의 헌법 101조에 의하여 규정되어 있다. 학교교육의 목적은 관용의 정신을 바탕으로 다양한 문화와 사회적 소양을 갖추고 독립적이며 다양하게 형성된 인성의 발달과 미래 세대 및 타인과의 공동체 삶에서 책임을 감당하는 것이다.

(2) 학교는 학생들로 하여금 다음의 항목을 전수하여야 한다.

- 지식, 기술 및 능력을 전수한다.
- 학생은 독립적이고 비판적인 판단력, 스스로 책임질 줄 아는 행동, 창의적 활동 능력을 함양한다.
- 자유와 민주주의적 사고를 교육한다.
- 관용, 타인의 존엄성에 대한 존중, 다른 사람들의 신념에 대한

존중을 교육한다.

○ 민족 간의 이해와 협력 정신을 바탕으로 평화적인 사고를 일깨운다.

○ 학생은 윤리적 규범, 문화 및 종교적 가치를 이해한다.

○ 학생은 사회적 행동 및 정치적인 책무성을 함양한다.

○ 사회 속에서 권리와 의무에 대한 의식을 일깨운다.

○ 직업 세계에서 필요한 다양한 조건을 안내한다.

(3) 모든 학생들은 점점 증가하는 상호 의존성과 전반적인 문제들로 각인된 세상에서 자기결정적인 행동과 자연, 생명 및 건강을 유지하기 위한 능력을 갖추도록 한다.

(4) 각 아동 및 청소년의 학교교육에서의 발전 및 교육과정의 선택은 그들의 적성, 능력, 성취 및 성취준비성과 더불어 부모의 기대에 부합해야 한다. 학습상 지체가 있거나 특수교육적 촉진 요구를 가진 아동 및 청소년들이 학교교육에서 발전하도록 작센 주는 지원 및 촉진 서비스를 위한 부가적인 예산을 확충을 통하여 촉진한다.

제1부(학교제도의 과제) 제5조(학교의 교육적 사명의 실현을 위한 원칙)

(1) 학교는 아동 및 청소년의 인격을 존중하고 그들의 존엄성과 감정을 해칠 수 있는 모든 것을 예방한다.

(2) 학교는 양심의 자유와 다양한 문화, 종교, 세계관, 정치적 사상 및 신념에 대하여 개방적이고 포용적인 태도를 가르친다. 어떤 학생도 편파적인 영향을 받아서는 안 된다. 또한 자신의 출생, 국적, 언어, 성별, 성적 정체성, 사회적 출신 및 지위, 장애, 종교

적이며 세계관적 혹은 정치적 신념으로 인하여 특혜나 차별을 받아서는 안 된다. 소녀와 여성에 대한 차별은 적극적으로 대처하여야 한다.

(3) 학교와 수업 등 교육적 기회는 모든 학생에게 동등하게 제공되어야 한다. 각 아동의 능력, 관심 및 소질에 적합한 촉진이 보장되어야 한다. 학생들은 인성발달이 강화되어야 하며, 개인의 학습적인 문제들은 적합한 촉진 조치를 통하여 대처하여야 한다.

(4) 일반교육이나 직업교육은 동일한 위치를 갖는다. 학교는 학생의 재능이나 능력에 맞는 직업교육과 실습을 하도록 환경을 조성한다.

(5) 학부모는 학생의 학교생활을 위한 환경조성에 참여한다. 학부모는 특별한 경험이나 역량은 수업에 유용하다. 특히 수업 외 학교행사 시에 학부모의 직접적인 참여가 꼭 있어야 한다. 학교는 자녀의 교육에 있어서 부모들을 상담하고 지원한다. 더 나아가서 학교는 다양한 연구 기관 및 청소년 보호기관들과 협력한다.

(6) 남녀 학생은 원칙적으로 함께 교육을 받는다. 만일 교육적으로 의미가 있을 경우에는 남학생과 여학생들은 시간제로 분리하여 수업할 수도 있다. 그 결정은 교직원회가 전문위원회의 조언을 참조하여 실시한다.

(7) 생략.

(8) 학생들은 학교 규정에 근거하여 수업 내용의 선택에 참여할 수 있다. 수업의 전문적이고 교육적인 목적은 학생들에게 공지된다.

제4부(학교 관계, 과목, 정보보호) 제39조(윤리 수업과 종교 수업)

(1) 윤리 수업과 종교 수업은 작센 주의 헌법 제 105조에 의거하여

전문학교를 제외하고 국립학교에서는 정규 교과목이다.

(2) 윤리 수업은 종교 수업에 참여하기를 원하지 않는 모든 학생에게 정규 과목에 해당한다. 윤리 수업은 책임성 있는 판단 및 행동의 기초로서 사회적으로 영향력 있는 가치관과 규범에 대하여 비판적인 이해력을 돕는다. 또한 윤리 수업은 신념이나 세계관의 다양성을 고려하고 모든 종교의 동등성에 대하여 알리는 것이다.

(3) 종교 수업은 비종파적인 관점에서 실시하고 모든 종교들의 동등성을 알린다.

(4) 교사가 종교 수업을 하기 위해서는 종교나 윤리교사로 졸업해야 한다. 어떤 교사도 자신의 의지에 반하여 종교 수업을 실시할 의무는 허용되지 않는다. 종교 수업에 참여 여부는 부모나 만 14세 이상의 학생이 결정한다.

(5) 생략.

제4부(학교 관계, 과목, 정보보호) 제40조(환경교육)

(1) 학교는 환경에 대한 교육적 내용을 전수한다. 환경교육은 범교과적인 기본 계획으로 정하며 모든 학생의 생태학적 기본 교육으로 보장되어야 한다. 이러한 교육 내용을 기반으로 둔 환경교육은 환경보호를 위한 적극적인 관심과 참여를 강화하는 것을 목적으로 한다.

(2) 학교는 가능한 영역에서 실제적으로 환경을 보호할 수 있는 가능성을 함양하는 것이다.

제4부(학교 관계, 과목, 정보보호) 제41조(가족 및 성교육)

학교의 과제이자 전인교육의 한 부분인 가족 및 성교육을 통하여 학생은 연령에 적합하게 생물학적, 윤리적, 문화적, 사회적 사실과 인간의 성생활과 관련하여 잘 숙지하도록 한다. 가족 및 성교육은 가족 및 부부 혹은 생활 공동체에서 인격적인 관계와 동반자적인 행동 및 사생활 영역에 대한 의식을 발전시키고 강화시켜야 한다. 가족 및 성교육은 범교과적으로 실시된다. 가족 및 성교육의 목적, 내용 및 형태에 대하여 부모들은 적시에 공지를 받으며 함께 논의한다.

14. 작센-안할트(Sachsen-Anhalt)

제1부(일반 규정) 제1조(교육의 교육적 사명)

(1) 학교의 사명은 연방 헌법과 작센-안할트 주의 헌법에 의하여 규정되어 있다. 특히 각 아동 및 청소년은 자신의 출신지, 경제적 상황에 상관없이 자신의 재능, 능력 및 자질에 따라서 교육받을 권리를 가진다. 여기에는 국가와 사회에서의 권리와 의무, 책임감을 인식하도록 준비시키는 것을 포함한다.

(2) 이러한 사명을 완수하기 위하여 학교는 특히 다음과 같은 사항을 지킨다.

○ 학생들로 하여금 인간의 존엄성에 대한 존중, 다른 의견을 가진 사람들에 대한 책임의식을 바탕으로 자기결정권, 윤리적 가치에 대한 인정과 의무, 종교적 신념에 대한 존중, 자유에 대한 책임성 있는 사용, 평화적인 사고를 함양한다.

○ 학생은 자유민주주의적인 기본 질서를 바탕으로 정치적, 사회적

책임감을 함양한다.

◦ 학생들로 하여금 인성과 재능의 자유로운 계발, 스스로 책임지는 행동 및 성취 준비성 함양을 목적으로 하여 지식, 능력 및 숙련성을 가르친다.

◦ 장애를 가진 학생들의 불이익을 예방하고 제거하며 사회생활에 동등하게 참여하도록 하며 자기결정권을 바탕으로 삶을 영위하도록 한다.

◦ 학생들로 하여금 새로운 대중매체와 통신기술이 특성화된 정보화 사회에서 개별적인 인지, 판단 및 결정 능력을 함양한다.

◦ 학생은 직업, 노동세계, 사회생활, 가족과 여가생활에 필요한 조건을 준비한다.

◦ 학생들로 하여금 성별, 출생, 인종, 장애, 성 정체성, 언어, 고향, 출신지, 신념, 종교적 혹은 정치적 성향에 관계없이 모든 인간에 대한 동등한 존중과 평등권을 촉진하는 지식, 능력 및 가치관들을 전수하며, 차별이나 불이익의 제거를 위한 가능성에 대하여 알린다.

◦ 학생들로 하여금 점점 증가하는 상호 의존성과 전반적인 문제들로 각인된 세상에서 자연, 생명 및 건강을 유지하기 위하여 책임감 있는 행동에 대한 능력을 갖추도록 한다.

◦ 학생들로 하여금 문화적인 다양성에 대한 관용과 민족 간의 이해와 합의정신을 교육하며 통일 독일과 유럽 공동체에서 조국의 중요성을 인식하도록 한다.

(3) 학교는 학생의 개별적인 학습 조건이나 학습 욕구를 고려할 의무를 가진다. 학생은 자신의 능력에 적합한 학교를 졸업하기 위하

여 필요한 경우에는 부가적인 촉진을 받을 수 있다. 학생을 위한 통합교육적 지원 및 서비스는 모든 유형의 학교에서 촉진되어야 하는데, 이는 기회균등의 개선에 이바지하기 위한 것이다. 특수교육적 촉진 요구는 일반 학교에서 추가적인 특수교육학적인 촉진이 없이는 자신의 발달 가능성이나 교육 가능성들이 전혀 혹은 충분하지 못하게 촉진될 수 없을 정도로 현저하게 손상을 입었거나 장애를 가진 경우를 말한다. 통합교육의 내용은 당연히 교사교육에 포함된다. 특별한 도움을 필요로 하는 학생들을 위하여 특수학교에서의 교육이 제공된다.

(3a) 만일 특수교육적 촉진 요구를 가진 학생의 부모가 신청 후 인적, 물리적 혹은 학교 조직적으로 가능성이 있거나 예산 범위가 가능하고 통합교육이 개별적인 촉진 요구에 적합하다면 특수교육적 촉진 요구를 가진 학생과 비장애 학생은 함께 수업을 받는다. 부모들은 자신의 자녀의 교육과정을 결정할 때에 포괄적인 상담을 받게 된다.

(4) 학교는 교육적 사명의 완성을 위하여 자녀의 교육에 대하여 부모가 가지는 합법적인 권리를 존중하여야 한다.

(4a) 학교는 과제 범위 내에서 청소년들의 삶에 영향을 끼치는 활동을 하는 공적, 사적, 기타 공공기관들과 협력한다. 여기에는 가족교육기관, 가족협의회, 직업교육재단이나 평생교육기관, 음악학교, 시민대학, 스포츠 및 기타 단체들이 포함된다.

(5) 주 정부와 지방자치단체는 공립학제에 대하여 다양하게 강구한다. 주 정부는 사립재단의 학교를 이 법의 한도 내에서 촉진하도록 한다.

제1부(일반 규정) 제19조(종교와 윤리 수업)

(1) 종교 및 윤리 수업은 공립학교에서 정규 교과목이다.

(2) 학생들은 종교 수업이나 혹은 윤리 수업에 참여한다.

(3) 종교 수업은 종교 공동체의 기본 원칙과 부합하는 가운데 실시한다. 학교 감독기관은 기본 규정을 공포하고 종교 공동체와의 합의하에 교재를 허락한다.

(4) 윤리학 과목은 학생에게 윤리적 가치와 규범에 대한 이해와 철학적, 종교적인 질문에 대한 입문을 도운다.

(5) 생략.

제1부(일반 규정) 제21조(종교 및 윤리학 수업 참여)

부모는 19조 1항에 의거하여 자녀가 어떤 수업에 참여할 것인가를 결정한다. 만 14세 이후에는 학생이 각자 결정할 권리를 가진다.

15. 슐레스비히-홀슈타인(Schuleswig-Holstein)

제1부(학교 제도의 사명과 구분) 제4조(교육목적)

(1) 학교의 사명은 학생 자신의 재능, 능력 및 소질에 적합한 촉진과 교육을 받을 권리와 자녀의 교육에 대한 부모의 권리 및 일정한 권리와 의무를 가진 각 학생을 시민으로서 역할하도록 준비하게 하는 국가적인 과제를 통하여 정해져 있다.

(2) 학교의 과제는 동등한 권리제공의 보장 가운데서 청소년들의 인지, 정서, 사회, 창의 및 신체적인 능력을 발달시키는 것이다. 학교의 교육적 사명은 기독교 및 인본주의적 가치관을 바탕으로

헌법에 정해진 인권과 민주주의적, 사회적이며 자유주의적인 이념을 바탕으로 한다.

(3) 학교는 청소년에게 문화적, 사회적인 인식을 전수한다. 학교의 목적은 학생 스스로 독립적으로 생각하게 하고 양심과 사회적 구조를 비판적으로 숙고할 수 있도록 일깨우는 데 있다. 학교는 감정이입 능력과 자신의 세계상(世界像)에 대한 질문 능력을 촉진한다.

(4) 학교는 청소년들이 지속적으로 변화하는 세계에서 성공적인 인생을 영위할 수 있는 능력을 함양하도록 한다. 학교는 학생들로 하여금 개인적, 가족적, 사회적인 생활을 책임성 있게 전수받도록 능력을 키워주며 자신과 타인을 위하여 능력을 발휘할 수 있도록 도운다. 또한 청소년들이 근로나 필요한 직업교육을 받기 위한 능력을 함양하는 일도 학교의 사명에 해당한다. (중략) 학교는 사회적, 경제적 역사적 지식을 전수하며 자연과 환경에 대한 이해를 도우며 식물, 동물 및 인간의 삶의 기본 환경을 유지하기 위하여 서로 협력하도록 준비시킨다.

(5) 학교는 프리슬란트 소수민족의 언어를 보호하고 촉진하며 그들의 문화와 역사에 대한 지식을 전수한다.

(6) 학교는 학생이 종교적, 문화적인 다양성에 대하여 개방의식, 국제적인 상호 이해 의지와 평화주의적인 사고를 하도록 촉진하여야 한다. 학교는 학생의 유럽 공동체의 속에 있는 독일의 책임 및 의무와 세계의 정당한 질서의 의미를 이해하는 능력을 키운다. 학교는 조국에 대한 이해와 소수민족이나 문화적인 다양성에 대한 이해심을 증진시킨다. 학교의 교육적 사명에는 청소년들로 하여금 다른 의견을 가진 사람들을 존중하며, 정치적, 사회적 행동

과 자유민주주의적인 기초 위에서 사회를 조성하는 데 참여하고 자유로운 자기결정력을 함양하도록 이끈다.

(7) 교육과정은 청소년이 부모의 경제적 혹은 사회적인 지위, 국적, 성별에 따라서 차별 없이 모든 학교로 입학하도록 열려있으며, 자신의 재능, 능력 및 자질에 따라서 학교를 졸업할 수 있도록 구성된다. 부모는 자녀가 어떤 학교를 다닐 것인지는 법의 규정에 의거하여 결정한다.

(8) 학교는 자녀의 교육에 대한 부모의 합법적인 권리를 존중하여야 한다. 학교는 부모가 자신의 자녀를 교육하고자 할 때에 그들의 종교적, 세계관적 기본 원칙을 훼손해서는 안 된다.

(9) 학교에서의 성교육은 부모의 협조하에 자녀의 연령에 알맞은 방식으로 범교과적인 수업을 통하여 이루어진다.

(10) 학교는 학생들로 하여금 중독성 물질에 의존하지 않고 모범적인 삶을 영위하는 능력을 함양하는 데 이바지한다. 따라서 모든 학교는 학교 건물 내, 학교구역, 학교 외부에서의 학교 행사에서 금연과 금주를 한다. 교육부는 학교가 학교구역 외부에서의 학교 행사 시에 어떤 조건 아래에서 예외의 경우들이 허용될 수 있는지에 대하여 행동 규정을 정한다. 학교적인 행사가 아닐 시에 학교 재단은 이용 규정을 통하여 금지 사항들로부터 예외의 경우로 허용할 수 있다.

(11) 학생, 학부모, 교사 및 관리인(34조 2항, 3항, 5항, 6항 및 7항)은 상호 간의 배려와 존중의 의무를 가진다. 분쟁이나 갈등의 해결과 다양한 관심사는 합리적인 방법으로 서로 협력하여야 한다.

(12) 학교는 사실적인 문제에 대하여 정략적이고 편파적으로 다루어

서는 안 된다. 학교는 정당 정치적인 관점에서 중립적인 행동을 하여야 한다.

(13) 장애를 가진 학생은 특별히 지원을 받아야 한다. 통합교육의 목적이 그 중심을 이루어야 한다.

제1부(학교 제도의 사명과 구분) 제5조(수업의 형태)

(1) 공립학교에서는 원칙적으로 남녀 학생이 함께 교육과 수업을 받아야 한다. 교육적인 이유인 경우에는 개별 교과목들에서 시간제로 분리하여 수업을 할 수 있다. 개별학생들의 재능과 발달수준이 모든 학교에서 지키는 일반적인 수업 원칙이다.

(2) 학생들은 구조적, 인적, 객관적인 가능성이 허용되고 그것이 특수교육 대상자의 개별적인 촉진에 적합할 경우에는 통합적으로 수업이 실시되어야 한다(공동 수업).

(3) 특별히 우수한 재능을 가진 학생들은 구조적, 인적, 객관적인 가능성이 허용되는 범위에서 고려될 수 있다.

(4), (5) 생략.

제1부(학교제도의 사명과 구분) 제7조(종교 수업, 미션스쿨 및 세계관학교)

(1) 종교 수업은 공립학교에서의 정규 교과이다. 종교 수업은 학교 감독기관의 권리이지만 종교 공동체의 기본 원칙과 부합하는 가운데 실시되어야 한다.

(2) 부모는 자녀의 종교 수업 참여 여부를 결정할 권리를 가진다. 만 14세의 학생인 경우에는 학생에게 결정권에 대한 권리가 부여된

다. 종교 수업에 참여하지 않는 학생들은 그 대신 종교 수업과 동일한 가치가 있는 수업을 이수하여야 한다.

(3) 다만 사립 재단의 학교에서만 해당 종파나 혹은 세계관의 기본 원칙에 따라서 종교 공동체의 아이들의 교육과 수업을 실시하는 것이 허용이 된다. 공립학교는 종파나 세계관에 구분 없이 학생들이 모두 수업에 참여한다.

16. 튀링겐(Thueringen)

제1부(학교제도의 기본 원칙) 제1조(학교교육권)

(1) 모든 아동 및 청소년은 학교교육과 촉진에 대한 권리를 가진다. 이 권리는 본 법령에 보장되어 있다.

(2) 학교 유형이나 교육과정에 따른 선택은 학생의 출신, 성별, 부모의 경제적, 사회적 지위와 세계관 또는 종교와 무관하게 규정되어 있다.

제1부(학교제도의 사명과 구분) 제2조(튀링겐 학교들의 공동 사명)

(1) 튀링겐 주에 있는 모든 학교의 교육적 사명은 연방 헌법과 튀링겐 주의 헌법에 정해진 기초적인 가치를 기본으로 한다. 학교는 인간의 생명에 대한 존중, 공동체적 책임감, 환경 및 자연에 대한 책임의식을 더 높인다. 학교는 독일과 튀링겐 주에 대한 연대의식을 기르고 유럽 공동체에 대한 개방성을 촉진하며 세계의 모든 사람에 대한 책임감을 일깨운다. 학교의 실제적인 목적은 지식과 학문을 전수하고 능력과 숙련성을 발달시키며 직업생활에 대한 준비성, 사회적인 공동책임의식의 함양, 자유민주주의적인

기초 질서의 공동 조성, 대중매체에 대한 자기결정력과 비판적인 능력 향상, 문화와 학문에 대한 개방적인 의식 교육, 타인의 종교적, 세계관적인 신념에 대한 존중의식을 고양시키는 것이다.

학생은 타인과의 공정성, 연대성, 관용 및 남녀 동등권의 기본적인 입장을 바탕으로 관계를 형성하도록 학습한다. 동시에 학생은 가족이나 사회 및 국가에 대한 책임을 위임받을 준비를 하며 인본주의와 기독교적인 이웃 사랑의 정신을 바탕으로 사람들을 대한다. 학교는 학생의 개성, 자신감 및 스스로 책임지는 행동을 함양하도록 발달과정을 촉진시킨다. 학교는 재능의 계발과 교육적 불이익의 보상을 위한 기회를 제공한다. 부모의 기본적인 권리와 자녀의 교육에 대한 의무는 보장된다.

(2) 학교는 교육적 사명에서 학생들의 개별적인 촉진이 교수-학습의 일반적인 원칙으로 의무화되어 있다

(3) 교육 및 학교제도를 조성할 때에 주 정부, 지방자치단체, 사학재단은 부모, 교사, 특수교사, 학생 및 아동·청소년 복지 공공기관 및 사립기관의 관계자와 학교 내외의 교육과 관련된 관계인과 협력한다.

(4) 교육적 사명에서 학교는 특히 입학, 전학, 상급 학교로의 진학에 있어서 조기교육기관이나 교육에 관계하는 학교 외부의 기관과 상호 협력할 의무를 가진다.

第7부(교육과정, 학교 운영 및 수업 내용) 제46조(종교 수업 및 윤리 수업)

(1) 종교 수업과 윤리 수업은 국립학교에서의 정규 교과이다. 전문학

교나 상급 직업전문학교는 예외로 하는데 학교제도와 관련된 해당 정부 부서에서 법 규정을 통하여 정한다.

(2) 종교 수업은 교회나 종교 공동체에 속하는 모든 학생에게 정규 교과이다. 국가적인 감독권에도 불구하고 종교 수업은 교회나 종교 공동체의 기본 원칙과 함께 합의를 통하여 실시된다. 종교 수업을 실시하기 위하여 교사는 교회나 종교 공동체의 임명을 필요로 한다. 어떤 교사도 자신의 의지에 반하여 종교 수업을 실시할 의무를 가져서는 안 된다. 종교 수업에 대한 참여 여부는 부모나 만 14세 이상의 학생이 결정한다. 구체적인 것은 튀링겐 주와 해당 교회 혹은 종교 공동체 사이에 계약을 통하여 규정한다.

(3) 교회나 종교 공동체에 속하지 않는 학생들은 해당 교회나 종교 공동체의 승인이 있을 경우에는 부모의 바람에 따라서 종교 수업에 참여할 수 있다. 학생이 만 14세 이상인 경우에는 부모 대신에 학생 스스로 결정할 권리를 가진다.

(4) 세계관적으로 중립적인 윤리 수업은 교회나 종교 공동체에 속하지 않고 위의 (3)항에 의거하여 종교 수업에 참여하지 않는 모든 학생들에게 정규 교과이다. 윤리 수업은 사회적으로 책임성 있는 판단 및 행동의 기초로서 영향력이 있는 가치관과 규범에 대하여 비판적인 이해력을 함양하는 데 있다. 윤리 수업의 내용은 헌법에 정해진 바와 같이 윤리적인 기본 원칙을 지향하고 있다. 그 외에 윤리 수업은 신념과 세계관의 다양성을 고려한다.

(5) 제2조 5항에 의거하여 종교 수업에 참여하지 않는 학생은 윤리 수업에 참여한다.

제7부(교육과정, 학교 운영 및 수업 내용) 제47조(건강 및 성교육)

(1) 학교는 적합한 방법으로 건강교육을 지원하여야 한다. 학교는 건강의 유지와 건강한 생활양식을 위하여 포괄적인 계획을 세운다. 계획의 핵심은 담배 및 알코올과 불법적인 마약 사용을 예방하는 것이다. 건강교육의 교육과정에 정해진 교육내용은 범교과적이며 수업 외에도 전수되어야 한다. 건강한 생활양식은 모든 학교에서 적극적으로 형성되어야 한다.

(2) 흡연은 학교 건물 내에서와 학교 구역에서는 금지되어 있다. 이는 학교 구역에 있는 거주 공간(주택)은 적용되지 않는다.

(3) 건강 유지와 건강한 삶의 방식을 위한 계획에 대하여 학교는 정기적으로 그 효과에 대하여 점검하고 발전시킨다. 동시에 학교는 담당 국립 교육청의 지원을 받는다.

(4) 성교육은 학교의 과제에 해당하는 전인교육의 한 부분으로서 학생의 연령에 적합하도록 생물학적, 윤리적, 종교적, 문화적, 사회적인 사실과 인간의 성생활 및 성과 관련되어 잘 알도록 해야 한다. 성교육은 인격적인 관계에서 사생활 영역과 동반자적이고 무폭력적인 행동을 위하여 의식을 발전시키고 동반자, 가족 및 부부의 기초적인 의미를 전수하고 촉진하는 것이다. 성교육은 다양한 가치관에 대하여 개방적이고 관용적이어야 하며 편파적인 영향력으로 학생들을 이끌어서는 안 된다.

(5) 부모는 건강 및 성교육의 목적, 내용 및 형태에 대하여 공지를 받는다.

VI. 독일의 주별 교육법상 학교 교육목적의 통합교육적 관점에서의 시사점

VI. 독일의 주별 교육법상 학교 교육목적의 통합교육적 관점에서의 시사점

1. 독일의 각 주별 학교법상의 교육목적 관련 법령 개관

독일의 16개 주별 학교법은 연방 헌법과 주 헌법의 원칙과 방향 등 기본 정신을 바탕으로 학교교육과 관련된 법령으로 구성되어 있다. 각 주별 학교법에서의 교육목적을 살펴보면 대체적으로 거의 모든 주에서 외재적인 목적보다는 내재적 목적, 사회적인 목적보다는 개인적 목적을 더 강조하고 있다. 앞에서 살펴본 각 주의 학교법상 교육목적과 관련된 법령들의 내용을 〈표 VI-1〉과 같이 몇 가지로 범주화하여 살펴보고자 한다. 여기에는 교육목적의 기본 원칙을 비롯하여, 개인적 측면, 사회·국가적 측면, 국제적(다문화)적 측면 등으로 구분하였다.

특히 주별 학교법상 교육목적에 직접적으로 포함하고 있지 않지만 독일의 학교법에서 반드시 강조하고 있는 자녀 교육에 대한 학부모의 협력, 권리 및 의무, 성교육, 종교 및 윤리교육, 환경교육 등을 인간관 및 교육관을 엿볼 수 있는 중요한 교육철학적 근거로 간주하여 병행하여 기술하고자 한다. 결국 독일의 학교법은 연방 헌법–주 헌법–학교법 등 일련의 연계성을 보이는

〈표 VI-1〉 독일의 각 주별 학교법에서 교육목적의 개관

구분	기본 원칙	개인적 측면	사회·국가적 측면	국제(다문화)적 측면	기타(부모권리·의무/가족·성교육/종교·윤리교육/환경교육 등)
교육목적의 구체적인 예	☑ 연방 헌법 및 주 헌법의 법령을 바탕으로 규정함. ☑ 차별 없는 교육적 기회의 평등권 인정. ☑ 기독교 사상, 인본주의, 민주주의 사상을 기초함. ☑ 인간 생명의 존엄성과 자유 인정. ☑ 종교적, 정치적, 세계관적 신념의 자유 인정. ☑ 남녀의 평등성 인정. ☑ 장애로 인한 차별 및 불이익 행위 금지 및 특별한 촉진 강조. ☑ 원칙적으로 남녀공학 형태의 교육 실시(경우에 따라서 시간제로 분리 교육 가능). ☑ 나치즘, 전체주의 및 권위주의의 원인과 그 위험성과 독재를 위한 정치적 선전을 인식하고 저지하는 능력 향상.	☑ 평화에 대한 사랑 ☑ 타인의 생각 존중. ☑ 지식, 기능 및 기술 전수. ☑ 인성, 재능 및 소질의 계발. ☑ 성취 의지, 책임의식 함양. ☑ 직업 세계의 요구에 대한 준비. ☑ 시민으로서 권리 및 의무 인식. ☑ 자유민주주의적 기초 질서 함양. ☑ 건강한 정신, 신체, 정서 함양. ☑ 자기 극복, 개방적 사고방식, 창의성 함양. ☑ 자연 및 환경에 대한 책임의식의 함양. ☑ 독립적인 판단 능력 및 책임감 있는 행동의식 함양. ☑ 관용적 사고 함양, 통찰력, 독립성 함양. ☑ 남자 아동 및 청소년이 미래에 아버지의 역할을 준비하고 가족 및 가정일에 협력적으로 참여하도록 함. ☑ 여자 아동 및 청소년의 직업 선택의 지평을 확대하도록 도움. ☑ 나치의 이념이나 독재적인 정치 선동에 맞서는 능력 함양. ☑ 자기주도적 학습과 협동 학습을 통하여 사회적 행동을 습득. ☑ 스스로 정보와 자료를 탐색하고 비판적인 사고를 함양. ☑ 타인의 의견에 선입견 없는 토론 능력 함양.	☑ 고향, 국민 및 조국에 대한 사랑. ☑ 국민 화합적 정신 함양. ☑ 자유민주주의 및 법치국가의 수호. ☑ 국가적이며 사회적인 삶의 영위를 위한 능력 함양. ☑ 사회적, 공동체적 혹은 문화적, 경제적인 생활에 책임 있게 참여하고 사회 발전에 참여하도록 조력함. ☑ 자유롭고 정의로운 사회의 민주주의적 환경 조성에 기여하도록 함. ☑ 사회적 연대 의식 함양. ☑ 민족 공동체 의식 함양. ☑ 국가, 사회 및 직업에 있어서 과제를 완수하기 위한 능력 기름. ☑ 독일과 튀링겐 주의 연대의식을 기름.	☑ 타문화에 인정과 존중심 함양. ☑ 유럽 공동체 의식 함양. ☑ 국제적인 민족 간의 상호 이해의 증진. ☑ 자신의 문화와 더불어 다른 문화를 알고 이해하며, 다문화에 대한 이해를 통하여 평화로운 공동체의 삶을 영위하는 데 기여함. ☑ 유럽 공동체 시민으로서 자신의 과제를 인식함. ☑ 비독일어권 출신 학생들은 이민족적이고 문화적인 정체성의 존중 가운데 특별한 지원을 받아 독일어권 학생들과 학습하고 학교생활에 적극적인 참여와 졸업이 가능하도록 도움. ☑ 외국어를 사용하는 학생에 대한 통합도 교육의 과제에 포함함. ☑ 독일 내 거주하는 소르브인/벤트인 등의 소수민족에 대한 교육권 인정 및 문화적 특성 보호. ☑ 외국 학생들로 하여금 사회생활, 학교공동체 속으로 촉진하고 개별적인 분리를 예방함. ☑ 다른 민족의 생존권 이해와 소수인종과 이민자들과의 평화적인 공동체적 삶의 필요성 인식.	☑ 자녀교육에 대한 부모의 동참, 결정권 등 권리 및 의무 존중. ☑ 종교 혹은 윤리 과목은 학교교육에서 필수 교과목으로 설정됨. ☑ 종교와 윤리 수업을 통한 책임의식 및 가치 판단력, 철학적이고 종교적이며 세계관적 질문 다룸. ☑ 가족·성교육을 통하여 인간의 성(性)과 성생활에 대하여 개인적 사생활 영역과 동반자적인 행동에 대한 의식 함양. ☑ 성교육은 연령에 적합한 교육을 통하여 부부나 가족생활의 촉진을 위한 전인교육의 일부분. ☑ 윤리 수업은 문화적, 종족, 종교 및 세계관과 상관없이 개별적인 삶과 공동체적 삶에서 문화적, 인종적 혹은 다양한 가치관에 대하여 건설적으로 소통하는 능력과 판단력을 함양함. ☑ 자연과 환경에 대한 보호, 유지 및 책임 의식 함양. ☑ 성교육은 현재나 미래의 인격적이고 동반자적인 관계와 사생활 영역에서 무폭력적이고 공손한 행동에 대한 인식을 발달시키고 부부나 가족의 기본적인 의미에 대하여 전수.

구분	기본 원칙	개인적 측면	사회·국가적 측면	국제(다문화)적 측면	기타(부모권리·의무/가족·성교육/종교·윤리교육/환경교육 등)
교육목적의 구체적인 예		☑ 인지능력, 지각능력, 표현능력, 음악 및 예술적 능력 계발. ☑ 대중매체에 대한 타당하고 비판적이며 생산적으로 사용할 수 있는 능력의 함양. ☑ 장애인과 공동체 삶을 이해하는 능력 함양. ☑ 다른 사람과의 관계성 형성에서 존중, 동등권, 비폭력적인 이해심을 강조하고 모든 사람을 공정하게 대하도록 지도함. ☑ 다른 사람과의 관계에서 갈등 상황을 이성적이고 평화롭게 해결하는 능력 함양. ☑ 자신의 권리를 지키고 타인의 권리를 자신 것처럼 존중함. ☑ 문제해결력, 기본 능력 및 상황에 맞는 지식 전수, 능력 촉진, 인성, 직업, 사회적 행동 능력 함양. ☑ 정신적, 신체적, 사회적 능력 발달, 성취력과 성취준비성 함양. ☑ 학생의 독립성, 판단력, 협력, 소통력, 갈등 조정 능력, 책임감 있는 결정력. ☑ 지식, 학식, 능력, 기술 전수를 통하여 인성 함양과 독립심, 결정력을 촉진하여 사회, 경제, 직업, 문화와 정치적인 생활에 참여 능력 함양. ☑ 직업 세계의 조건 안내와 준비.		☑ 소수인의 개성 존중과 차별 및 억압 예방. ☑ 모국어가 독일어가 아닌 학생들은 수업과 학교생활에 적극적인 참여가 가능하도록 촉진함. ☑ 개인의 개성과 타 문화권 국민의 생존권과 모든 사람들의 생명권 및 평등권을 이해하고 윤리적, 문화적, 언어적인 정체성을 존중하고 촉진함. ☑ 민족 간의 상호 이해, 특히 유럽공동체의 미래에 대하여 인식을 가지고 지원하며 타민족이나 문화권과의 공생의 의식을 함양. ☑ 민족 간의 이해와 협력 정신을 바탕으로 평화적인 사고를 일깨움. ☑ 문화적인 다양성에 대하여 관용과 민족 간의 이해와 하의 정신을 교육하며 통일 독일과 유럽공동체에서 조국의 중요성 인식. ☑ 유럽 공동체에 대한 개방성을 촉진하고 세계의 모든 사람들에 대한 책임감을 일깨움.	☑ 나이와 발달수준에 맞도록 성과 성생활에 있어서 생물학적, 윤리적, 사회적, 문화적인 질문들에 대하여 숙달하도록 하며 자유로운 결정 가운데에서 자신뿐만 아니라 타인에 대해서도 책임감을 가지고 자신의 삶을 자아의식 가운데 조성하도록 조력함. 성교육은 청소년들로 하여금 성생활에 관한 질문에서 자신의 가치관을 발전 시키고 개인의 성생활에 자기 결정적이고 자아의식적인 처신을 할 능력을 함양. ☑ 성교육은 학생들로 하여금 인생의 동반자들과 책임감 있도록 관계성에 민감하도록 하며 부부, 가족 및 다른 동반자들에게 있어서 동등한 권리를 가진 역할을 준비함.

특성이 있다. 아울러 각 주별로 교육목적과 관련되어 다수의 매우 구체적인 법령으로 구성되어 있다는 점이다. 그리고 교육목적의 구성 형식도 교육의 기능(수단)적인 관점보다는 규범적, 개인적 혹은 내재적인 내용으로 교육의 본질적인 의미와 기능을 추구하며 지향하고 있음을 알 수 있다.

2. 독일의 각 주별 학교법상에 나타난 교육목적의 통합교육적 관점에서의 시사점

인류 역사 가운데서 장애인은 사회생활이나 교육적 활동 등에서 멸절(Extinction)의 시대를 비롯하여 배제(Exclusion) 및 분리(Segregation)의 시대를 매우 오랫동안 지나왔다. 이러한 전통적인 사고방식에 1970년대 중반을 전후하여 장애인에 대한 사회적 고립과 차별에 대한 저항 운동이 북유럽을 중심으로 활발하게 전개되어 오늘날 전 세계적으로 교육 영역의 통합(Integration/Inclusion)으로까지 확산되기에 이르렀다. 독일의 통합교육의 선구자였던 무트(Muth, 1991, 1992) 교수는 통합을 인간사회의 공동체 생활에서 모든 사람들이 당연히 소유하는 기본 인권으로 간주하였다.

그리고 이러한 통합교육은 법적, 윤리적 또는 교육적인 당위성을 바탕으로 장애 아동은 물론이거니와 비장애 아동에게도 다양한 긍정적인 효과를 미친다는 연구 결과들이 이미 국내외에서 다수 발표되었다(김원경 외, 2008; 김광웅, 1990; 이소현, 2004, Heimlich, 1998, Hinz, 2004). 특히 장애인과 비장애인의 관점에서 통합교육의 핵심적인 효과를 구분하여 살펴보면, 우선 장애인의 입장에서는 비장애 또래로부터 모방학습을 통하여 언어성, 사회성, 학습 태도 및 정서적 측면 등에서 역량이 강화될 수 있다는 점이다. 반면에 비장애 아동은 통합교육적 환경을 통하여 인간의 다양성 인정 및 수용, 배려심, 이해심, 관용, 장애에 대한 실제적인 지식 및 정보 습득, 도우려는 자세, 감사하는 마음 등 인성교육에 미치는 교육적 효과가 매우 크다(김기홍, 2014; 이대식 외, 2011).

이어서 통합교육의 개념과 관련하여 우리나라 〈장애인 등에 대한 특수교육법〉 제1장(총칙) 제2조(정의) 제6항에 의하면, '통합교육이란 특수교육 대상자가 일반 학교에서 장애 유형·장애 정도에 따라 차별받지 아니하고 또래와 함께 개개인의 교육적 요구에 적합한 교육을 받는 것을 말한다'라고 정의하였다. 그리고 힌츠(Hinz, 2006)는 통합교육의 개념을 다음과 같이 설명하였다.

> … 통합은 시민권(civil rights)적인 관점을 바탕으로 보면 모든 사람들의 개인적 발달과 사회적 참여에 있어서 개별적으로 다양한 지원 욕구가 있음에도 불구하고 동등하고 완전한 권리를 보장하는 것을 의미한다. 통합은 교육적인 영역에서는 일반 유치원이나 혹은 모든 아동의 개별적인 요구를 충족해야 하는 과제를 가지고 있는 학교에 대한 절대적인 출입과 무조건적인 소속감을 의미한다. 이로서 모든 인간은 사회 공동체의 당연한 일원으로서 인정한다.

이처럼 통합 또는 통합교육적 측면에서 모든 사람은 각자 다양하다는 것과 개인은 강점과 약점을 각각 가지고 있음을 전제로 하고 있다. 아울러 통합은 기본적으로 아동 및 청소년의 교육이나 수업에서 다양성에 대한 존중과 인정의 원칙을 철저히 추구하고 있다. 인간의 다양성은 극히 정상적이고 긍정적인 사실로 간주하므로 장애인, 영재 혹은 다른 문화권의 아이 등으로 더 이상 특정 집단으로 나누어 분리하지 않는다. 이러한 맥락에서 아동 및 청소년의 교육이나 수업 영역에서 장애아와 비장애아 집단으로 분류하거나 개개인을 존엄한 인간으로서 어떠한 특혜뿐만 아니라 차별이나 편견 및 불이익도 발생하지 않아야 하는 것이다.

정대영(2004, 2005)에 의하면 통합교육은 장애인이 사회 속에서 동등한 구성원으로 참여하여 살아갈 수 있도록 네 가지 주요 목표를 설정하고 있다. 우선 통합교육은 평등성 보장을 목표로 하는데, 이는 각 개인이 지닌 다양한 교육적 요구에 따라서 제공되는 교육적 서비스에서 차별받지 않는 평등한 교육 기회의 보장을 지향하고 있다. 두 번째, 통합교육은 교육의 수월성을 보장하고 추구하는데, 흔히 재능아에게 적용되는 수월성(秀越性)의 개념을 각 개인의 잠재능력을 최대한 계발시키는 것으로 확대하여 이해하는 것이다. 세 번째, 통합교육은 인간의 다양성을 인정하고 수용한다. 다시 말하자면, 각 개인이 가진 능력이나 관심 및 재능들이 분리나 차별의 기준이 아니라 정상적인 것으로 이해하고 인정한다는 의미이다. 끝으로 통합교육은 구성원 간의 조화성을 목표로 하는데, 이는 각 개인이 가진 다양성이 공동체에서 갈등이나 분쟁의 근거가 아니라 상호관계에서 관용, 이해, 협력, 존중 등을 통하여 조화성으로 결집되기를 기대하는 것이다.

또한 통합교육은 전통적인 일반교육이나 특수교육적인 패러다임(Paradigm)으로는 본질적인 목적이나 의미를 달성하기가 쉽지 않은 차원의 교육철학을 기반으로 하고 있다. 이른바 성공적인 통합교육이 실현되기 위해서는 행·재정적 지원, 물리적 환경 조성, 교육과정, 교육 방법, 교육 내용 및 교육평가의 개선, 학교의 구조나 조직의 재구성, 교사 및 학부모의 자질 및 협력 등 매우 다양한 요인들이 복합적으로 영향을 미칠 수 있다(김성애 외, 1997; 방명애·정상진, 2001). 그러나 통합교육이 소기의 효과를 거두기 위해서 무엇보다도 중요한 전제 조건은 특히 인간 혹은 교육에 대한 근본적이고 본질적인 의미를 재정립하고자 하는 사회적 인식과 태도라 할 수 있다(김병하, 2003; 김혜란, 2003; 박현옥·김은주, 2004). 아울러 이와 관련하여 학교 현장에서 장애학생의 부모나 특수교사로부터 많이 제기되는 문제 가운데 한 가지로 학교 당국이나 일반 교사 혹은 학부모 등 장애나 장애인에 대한 사회의 부정적이고 거부적인 인식과 태도를 통합교육 실천 과정에서 큰 걸림돌로 지적하고 있다(김기흥, 2009, 2014a, 2014b).

태도(Attitude)의 의미와 관련하여 클뢰어케스(Cloerkes, 1997)는 '사회적인 대상에 대한 긍정적이거나 부정적인 평가, 감정적 자세 및 행동 경향의 안정적인 체계'라 정의하였다. 또한 비어브라우어(Bierbrauer, 1996)는 태도의 특성으로 네 가지를 제시하였는데, 사람 및 사물 등과 관련이 있는 것을 비롯하여 태도는 긍정적 혹은 부정적인 평가를 포함하며, 태도는 행동에 영향을 미치며 아울러 태도는 비교적 지속성을 가지고 있다는 점이다. 이처럼 태도는 오랜 과정 속에서 형성되고 지속되기 때문에 태도의 변화도 마찬가지로 단기간에 간단하게 기대할 수 있는 사회 심리적 요소가 아니라는 점이다.

따라서 태도의 건전한 변화와 개선을 위하여 보편적인 윤리나 도덕적인 차원과는 달리 강제성을 내포하는 법적인 접근이 병행되어야 할 필요가 있다는 것이다(김성애 외, 2007; 정대영 외, 1996). 특히 학교교육에서 인간이나 교육에 대한 올바른 이념이나 철학을 근본 바탕으로 구속력이 있는 법령을 제정하고 또한 이에 의거하여 각종 정책이나 제도 등을 사회 및 교육현장에서 적극적으로 실현할 때에 비로소 지속적이고 일정한 태도의 개선이나 변화 등 소기의 목적을 달성할 수 있을 것이다.

이처럼 통합교육의 개념을 비롯하여 통합교육의 효과, 통합교육의 목표, 통합교육의 성공 요인, 통합교육 실천 과정에서의 난제, 태도의 개념 등 통합교육의 기초적인 특성들을 살펴보면 중요한 근본적인 전제 요소는 물리적 환경, 교육 프로그램, 조직, 운영 등의 외재적인 조건보다는 주로 관계인의 인성과 사회성 등으로 구성된 올바른 인간관과 교육관의 정립 문제이다. 이러한 맥락을 바탕으로 독일의 각 주별 학교법에서 제정된 교육목적에서 통합교육의 본질적인 의미와 목적의 실현을 위한 몇 가지 시사점을 살펴보면 다음과 같다.

첫째, 독일의 각 주의 학교법상 교육목적은 연방 헌법－주(州) 헌법－주(州) 학교법－주(州) 교육과정 등 일련의 연속성 혹은 연계성을 가지고 있다. 다시 말하자면, 주 헌법은 인간 존엄성, 자유, 민주주의, 관용, 이해, 공동체 의식, 차별 의식 금지 등 철저히 연방 헌법의 기본 원칙과 철학을 바탕으로 한 보편성과 각 주의 독립적 특성을 감안한 가운데 주 헌법이 제정이 되었다. 또한 주 학교법은 이러한 주 헌법의 기본 방향과 기본 정신에 기초하여 각종 학교 및 교육에 관한 법령이 만들어진 것을 살펴볼 수 있다. 또한 마찬가지로 주의 학교법의 교육목적과 기본 원칙에 의거하여 학교의 교육과정도 동일한 방향을 지향하고 있음을 알 수 있다(Ministerium fuer Schule und Weiterbildung des Landes Nordrhein-Westfalen, 2008). 또한 이러한 교육철학적 신념은 현재 독일에서 통합교육을 실시하고 있는 학교의 교육 현장에서도 일관적인 의지와 노력을 통하여 실천하고 있음을 살펴볼 수 있다(Kim, 2013).

둘째, 독일이 각 주별로 제정된 학교법상의 교육목적의 양적인 측면에서 다양성과 구체성의 특성을 가지고 있다. 독일의 16개의 각 주마다 설정된 교육의 목적을 살펴보면 우선 기본 원칙을 비롯하여 개인적 측면, 사회 및 국가적 측면, 국제(다문화)적 측면 등 매우 다양하고 구체적이라는 점이다. 그 뿐만 아니라 가족 및 성교육, 종교 및 윤리교육, 환경교육을 강조함으로서 이를 통하여 지식, 기술 및 능력의 전수보다는 주로 인간의 존엄성과 자유, 민주주의, 공동체 의식 등의 정신을 바탕으로 개인적인 인성과 타인과의 우호적이고 협력적인 관계성의 능력을 함양하고자 하는 취지는 통합교육적 철학과 일맥상통하다.

셋째, 독일의 주별 학교법에서 정한 교육목적의 질적인 측면에서도 교육적 본질성을 추구하고 있다는 점을 들 수 있다. 주로 학교에서 이루어지는 교육활동이 단지 기술, 지식, 능력의 전수 등 교육의 기능(수단)적인 의미에 초점을 두기보다는 평등, 인권, 존엄성, 기독교 사상, 인본주의 사상, 민주주의, 자유 등의 기본 가치를 바탕으로 하여 관용, 이해, 협력, 공동체 의식, 인성, 개방적 사고방식, 평화, 존중, 책임감, 건전한 비판 의식, 소통 등의 핵심어로 구성된 인간상을 추구함을 살필 수 있다. 즉 독일의 학교교육 활동이 궁극적으로는 개인적, 내면적 혹은 규범적인 목적을 지향하고 있다는 의미이다. 이러한 독일 학교법의 교육목적에 함의된 교육사상이나 철학은 일반교육에서 뿐만 아니라, 무엇보다도 특수교육 및 통합교육에서 가장 중요하고 기초적으로 요구되는 전제 조건임과 동시에 실현해야할 도달점이라 여겨진다.

결론적으로 통합교육적 측면에서 독일의 학교법을 살펴보면 과거의 어두웠던 역사와는 대조적으로 무엇보다도 절대적이고 무조건적인 인간의 존엄성을 바탕으로 상호 이해와 협력, 관용 및 공동체 의식 등을 함양하는 데 교육목적이 집중되어 있음을 알 수 있다. 이러한 교육목적의 사상들은 연방 헌법을 비롯하여 주 헌법, 각 주별 헌법과 학교법, 교육과정 및 학교 현장에 이르기까지 고스란히 일관되게 흐르고 있음을 짐작할 수 있다.

참고문헌

구광현 · 권건일 · 김승곤 · 이종숙(1994). 교육학개론. 서울: 양서원.

권건일(2000). 교육학개론. 서울: 양서원.

권동택 · 이주영 · 장진희 · 정지선(2014). 초등교육론. 경기 파주: 양서원.

교육기본법 법률 제11690호(정부조직법) 일부 개정 2013. 03. 23.

김광웅(1990). 정신지체유아의 통합교육에 관한 연구. 단국대학교 대학원 박사학위논문.

김기흥(2009). 특수학교에 재학 중인 장애아동 부모의 통합교육에 관한 인식. **특수아동교육연구**, 11(4), 23-53.

김기흥(2014). 장애아교육학. 개정판. 서울: 집문당.

김기흥(2014a). 특수학교에 재직 중인 특수교사들이 바라본 일반학교에서의 통합교육과 특수학교 교육에 대한 인식. **발달장애연구**, 18(1), 253-278.

김기흥(2014b). 초등학교 특수학급교사들이 지각(知覺)하는 특수학급교사와 특수학급에 대한 자아상(self-image). **발달장애연구**, 18(2), 79-111.

김병하(2003). 특수교육의 정체성: 보편성과 특수성의 논쟁. **특수교육학연구**, 38(1), 67-90.

김성애 · 정대영 · 박희찬(1997). 통합교육의 효율적 운영방안. 경기: 국립특수교육원.

김원경 · 조홍중 · 허승준 · 추연구 · 윤치연 · 박중휘 · 이필상 · 김일명 · 문장원 · 서은정 · 유은정 · 김자경 · 이근민 · 김미숙 · 김종인(2008). 최신특수교육학. 서울: 학지사.

김충기 · 장선철 · 김영중 · 신현숙(2002). 교육학개론. 서울: 동문사.

김혜란(2003). 미국 초중고교 교사들의 통합교육에 대한 태도 비교. **특수교육**

학연구, 38(1), 143-160.
대한민국헌법. 헌법 제10호 전부 개정. 1987. 10. 29.
박진규 · 주영흠 · 남현우(1999). 교육학개론. 서울: 지선사.
박현옥 · 김은주(2004). 통합교육에 관한 국내 연구 동향 분석. **특수교육학연구**, 38(4), 285-309.
방명애 · 정상진(2001). 특수교사와 일반교사의 통합교육을 위한 교사 간 협력에 대한 인식 비교. **특수교육학연구**, 36(2), 65-82.
손인수(1996). 교육사 · 교육철학의 이론과 실제. 서울: 문음사.
송준석(1998). 인간과 교육. 서울: 지선사.
윤정일 · 신득렬 · 이성호 · 이용남 · 허형(1997). 교육의 이해. 개정판. 서울: 학지사.
이대식 · 김수연 · 이은주 · 허승준(2011). 통합교육의 이해와 실제. 2판. 서울: 학지사.
이소현(2004). 장애유아의 사회적 통합 촉진을 위한 사회적 상호작용 증진활동이 일반유아들의 사회적 행동에 미치는 영향. **유아교육연구**, 24(2), 159-179.
임창재(1997). 교육학의 이해. 서울: 형설출판사.
장애인 등에 대한 특수교육법. 법률 제10339호(정부조직법) 일부 개정 2010. 06. 04.
정대영(2004). 영재 장애학생의 이해와 지도: 숨겨진 잠재력의 계발. 경남: 창원대학교 출판부.
정대영(2005). 통합교육에서의 주요 쟁점과 실천과제 고찰. **특수아동교육연구**, 7(1), 21-45.
정대영 · 김성애 · 박희찬 · Ashman, A. F.·Giverner, C. C. · 落合俊郞(1996). 통합교육 실태의 국제비교. 경기: 국립특수교육원.
초 · 중등교육법 법률 제13227호 일부 개정 2015. 03. 27.
홍성찬(2002). 법학개론. 제3 전장판. 서울; 박영사.

Bayerisches Gesetz ueber das Erziehungs-und Unterrichtswesen(BayEUG) in der Fassung der Bekanntmachung vom 31. Mai. 2000.

Bierbrauer, G.(1996). Sozialpsychologie. Grundriss der psychologie. Bd. 15. Stuttgart/Berlin/Koeln: Kohlhammer.

Boehm, T.(2008). Grundkurs Schulrecht I. Huerther: Luchterhand.

Bolz, A.(2001). Nationalsozialismus und Gemeinschaftserziehung: Demagogie, Auslese, Ausmerzung, Kontinuitätsbrüche: Verlag Rosa-Luxemburg-Stiftung Sachsen e. V.

Bremisches Schulgesetz(BremSchulG). Vom 28. Juni 2005(Brem. GBI. S. 260-223-a-5).

Cloerkes, G.(1997). Soziologie der Behinderten. Eine Einfuehrung. Heidelberg: Winter.

Ernst, K.(1983). "Eutanasie" im NS-Staat-Die "Vernichtung lebensunwerten Lebens" Frankfurt/M.: Fischer Taschenbuch Verlag.

Flessau, K.-I.(1977). Schule der Diktatur. Muenchen: Ehrenwirth

Fronefeld, B(2000). Einfuehrung in die Geistigbehindertenpaedagogik. Muenchen/Basel: Reinhardt.

Gamm, H.-J.(1990). Fuehrung und Verfuehrung. Paedagogik des Nationalsozialismus. Muenchen: List.

Gesetzes Nr. 812 zur Ordnung des Schulwesens im Saarland(Schulordnungsgesetz: SchoG). Vom 5 Mai 1965. In der Fassung der Bekanntmachung vom 21. August 1996(Amtsbl. S. 846, ber. 1997 S. 147), zuletzt geaendert durch das Gesetz vom 6. Mai 2009(Amtsbl. S. 706).

Gesetz ueber die Schulen im Land Brandenburg(Brandenburgisches Schulgesetz-BbgSchulG). In der Fassung der Bekanntmachung vom 2. August 2002(GVBI. I/02, 〈Nr. 08〉, S. 78). zuletzt geaendert durch Artikel 2 des Gesetzes vom 14. Maerz 2014(GVBI. I/14, 〈Nr. 14〉.

Ginott, H. G.(1972). Teacher and Child. New York: Macmillan. 편영자・이현림 공역(1974). 아동교육의 이해와 지도. 서울: 학문사.

Grundgesetz fuer die Bundesrepublik Deutschland. Vom 23. Mai 1949(BGBI.

S. 1), zuletzt geaendert durch Artikel 1 des Gesetzes vom 23. 12. 2014(BGBI. I S. 2438).

Gruettner, M.(2004). Biographisches Lexikon zur nationalsozialistischen Wissenschaftspolitik. Heidelberg: Synchron Verlag.

Haessler, F.(2011). Intelligenzminderung. Eine aerztliche Herausforderung. Berlin/Heidelberg: Springer-Verlag.

Hamburgisches Schulgesetz(HmbSG). Vom 16. April 1997(HmbGVBI. S. 97), zuletzt geaendert am 6 Juni 2014(HmbGVBI. S. 208).

Heimlich, U.(1998). 25 Jahre Integration-Bilanz und Perspektiven einer Bildungsreform. In: **Zeitschrift des Verbandes Bildung und Erziehung,** 51(5), 8-12.

Helma, K.(1993). Dokumente des Verbrechens-Aus Akten des Dritten Reichs 1933-1945. Berlin: Dietz.

Hessisches Schulgesetz in der Fassung vom 14. Juni 2005(GVB1. I S. 441), zuletzt geaendert durch Gesetz vom 22. Mai 2014(GVB1. S. 134).

Hinz, A. (2004): Vom sonderpädagogischen Verständnis der Integration zum integrationspädagogischen Verständnis der Inklusion!? In: Schnell, I. & Sander, A. (Hrsg.): Inklusive Pädagogik. Bad Heilbrunn: Klinkhardt.

Hinz, A.(2006): Inklusion. In: ANTOR, Georg & BLEIDICK, Ulrich (Hrsg.): Handlexikon der Behindertenpädagogik. Schlüsselbegriffe aus Theorie und Praxis. 2. erweiterte Auflage. Stuttgart: Kohlhammer.

Huber, K.-H.(1996). Jugend unterm Hakenkreuz. Ungekeurzte Ausgabe. Frankfurt/M.: Ullstein Verlag.

Kim, K. H.(2013). Schulische Inklusion von Schuelern mit Behinderung im Primarbereich der Bundesrepublik Deutschland im Vergleich zu Suedkorea. **Heilpaedagogische Forschung,** 39(1), 37～49.

Klee, E.(2009). "Eutanasie" im NS-Staat: Die "Vernichtung lebensunwerten Lebens". Frankfurt/M.: Fischer Taschenbuch Verlag.

Kloenne, A.(2008). Jugend im Dritten Reich. Die Hitlerjugend und ihre Gegner. Koeln: Papy Rossa.

Landesverfassung der Freien Hansestadt Bremen. Zuletzt geaendert durch Gesetz vom 31. August 2010(Brem. GBI. S. 457).

Ministerium fuer Schule und Weiterbildung des Landes Nordrhein-Westfalen, 2008. Grundschule-Richtlinien und Lehrplaene. RdErl. des Ministeriums fuer Schule und Weiterbildung v. 16.7.08-511-6.03.12.02-44191.

Müncheberg, H.(1991). Gelobt sei, was hart macht. Roman. Berlin: Morgenbuch.

Muth, J.(1991). Zehn Thesen zur Integration von behinderten Kindern. **Vierteljahresschrift fuer Heilpaedagogik und ihre Nachbargebiete(VHN),** 60, 1-5.

Muth, J.(1992). Schule als Leben. Prinzipien-Empfehlungen-Reflexionen. Eine paedagogische Anthologie. Baltmannsweiler/Hohengehren. Schneider-Verlag.

Niedersächsischen Schulgesetzes. Vom 03. 03. 1998 (GVBl. Niedersachsen 52. 1998, 8, S. 137 ff.), zul. geänd. durch Gesetz vom 19. 06. 2013 (GVBl. Niedersachsen 67. 2013, 10, S. 165).

Niedersächsische Verfassung(Nds. GVBI. S. 107). Zuletzt geaendert durch Artikel 1 des Gesetzes vom 30. Juni 2011(Nds. GVBI. S. 210).

Ortmeyer, B.(2009). Mythos und Pathos statt Logos und Ethos. Zu den Publikationen fuehrender Erziehungswissenschaftler in der NS-Zeit. Weinheim: Beltz.

Roecher, R.(1992). Die juedische Schule im nationalsozialistischen Deutschland 1933-1942. Frankfurt/M.: dipa Verlag.

Schlegel, K. F.(1994). Der Koerperbehinderte in Mythologie und Kunst. Stuttgart: Thieme Georg Verlag.

Sandner, P.(2003). Verwaltung des Krankenmordes. Der Bezirksverband Nassau im Nationalsozialismus. Giessen: Psychosozial-Verlag.

Schleswig-Holsteinisches Schulgesetz(Schulgesetz-SchulG). Vom 24. 01. 2007(GVBl. Schleswig-Holstein 2007, 3, S. 39 ff.; ber. in GVBl. 2007, 11, S. 276), zul. geänd. durch Gesetz vom 01. 06. 2014 (GVBl. Schleswig-Holstein 2014, 6, S. 92 ff.).

Schnell, I.(2003). Geschichte schulischer Integration. Gemeinsames Lernen von Schueler/innen mit und ohne Behinderung in der BRD seit 1970. Weinheim/Muenchen: Verlag Julius Klinkhardt.

Schulgesetzes des Landes Sachsen-Anhalt(SchulG LSA). Vom 22. 02. 2013 (GVBl. Sachsen-Anhalt 24. 2013, 5, S. 68 ff.), geänd. durch Gesetz vom 24. 06. 2014(GVBl. Sachsen-Anhalt 25. 2014, 13, S. 350 ff.).

Schulgesetz fuer Baden-Wuerttemberg(SchG) in der Fassung vom 1. August 1983(GBI. S. 397; K. u. U. S. 584), zuletzt geaendert durch Gesetz vom 18. Dezember 2006(GBI. S. 378; K. u. U. 2007 S. 38).

Schulgesetz fuer das Land Berlin(Schulgesetz-SchulG). Vom 26. Januar 2004. Zuletzt geaendert durch das Gesetz zur Aenderung des Schulgesetzes und weiterer Gesetze vom 26. Maerz 2014(GVBI. Berlin 2014, S. 78).

Schulgesetz fuer das Land Mecklenburg-Vorpommern(Schulgesetz-SchulG M-V). Vom 13. Februar 2006.

Schulgesetz fuer das Land Nordrhein-Westfalen(Schulgesetz NRW-SchulG). Vom 15 Februar 2005(GV. NRW. S. 102). zuletzt geaendert durch Artikel 3 des Gesetzes vom 17. Juni 2014(GV. NRW. S. 336).

Schulgesetz fuer das Land Rheinland-Pfalz. Vom 30. 03.2004 (GVBl. Rheinland-Pfalz 2004, 8, S. 239 ff.), zul. geänd. durch Gesetz vom 24.07. 2014(GVBl. Rheinland-Pfalz 2014, 11, S. 125 ff.).

Schulgesetz fuer den Freistaat Sachsen(Saechsisches Schulgesetz-SaechsSchulG). Vom 16. 07. 2004 (GVBl. Sachsen 2004, 10, S. 298 ff.), zul. geänd. durch Gesetz vom 12. 12. 2008 (GVBl. Sachsen 2008, 18, S. 866 ff.)

Thüringer Schulgesetzes. Vom 30 .04. 2003 (GVBl. Thüringen 2003, 7, S. 238 ff.), zul. geänd. durch Gesetz vom 31. 01. 2013 (GVBl. Thüringen 2013, 1, S. 22 ff.).

Van Dijk, L.(1988). Oppositionelles Lehrerverhalten 1933-1945. Weinheim: Juventa Verlag.

Verfassung des Freistaates Bayern. Letzte berücksichtigte Änderung: Art. 83 Abs. 2 geänd. (G v. 11.11.2013, 642).

Verfassung des Freien und Hansestadt Hamburg. Letzt beruecksichtigte Aenderung: Artikel 50 geaendert durch Gesetz vom 1. Juni 2015 (HmbGVBI. S. 102).

Verfassung des Freistaates Sachsen. Geaendert durch Gesetz vom 11. Juli 2013(SaechsGVBI. S. 502).

Verfassung des Freistaats Thueringen(ThuerVerf). Zuletzt geaendert durch Viertes AenderungsG vom 11. Oktober 2004(GVBI. S. 745).

Verfassung des Hessen. Geaendert durch Gesetz vom 18. Oktober 2002(GVBI. S. 626-628).

Verfassung des Landes Baden-Württemberg. Letzte berücksichtigte Änderung: Art. 34 a neu gefasst durch Gesetz vom 7. Februar 2011 (GBl. S. 46).

Verfassung des Landes Brandenburg. Geaendert durch Gesetz vom 16. Juni 2004.

Verfassung des Landes Sachsen-Anhalt. Geaendert durch Gesetz vom 27. Januar 2005(GVBI. LSA S. 44).

Verfassung des Landes Schleswig-Holstein. geändert durch das Gesetz vom 18. März 2008 (GVBl. S. 149).

Verfassung des Saarlandes(SVerf). Zuletzt geaendert durch das Gesetz vom 4. Juni 2007(Amtsbl. S. 1798).

Verfassung von Berlin. geaendert durch Gesetz vom 27. September 2005 (GVBI>S. 494).

Verfassung des Landes Mecklenburg-Vorpommern. Geaendert durch vom 4. April 2000(GVOBI. M-V S. 158).

Verfassung für das Land Nordrhein-Westfalen. Art. 1 ÄndG vom 25. Oktober 2011(GV. NRW. S. 499)

Verfassung für Rheinland-Pfalz. geändert durch Gesetz vom 16. Dezember 2005(GVBl. S. 495).

찾아보기

(ㅈ)

저자 소개

김기흥(金起興)

동아대학교 문과대학 독어독문학 전공
독일 쾰른대학교(Universitaet zu Koeln) 특수교육과 졸업(학사)
독일 쾰른대학교(Universitaet zu Koeln) 특수교육대학원 졸업(석사)
독일 쾰른대학교(Universitaet zu Koeln) 특수교육대학원 졸업(박사)
인제대학교 사회복지대학원 졸업(석사)
전 가야대학교 초등특수교육과 교수(2002~2005)
현 부산교육대학교 유아교육과 교수(2006~현재)

〈주요 논문 및 저서〉

- 장애인에 대한 사회적 태도. 지체장애인에 대한 한국과 독일대학생의 태도연구(역서, 2003, 홍익재)
- 지체부자유학교의 직업교육실태 및 개선방안(2004)
- 우리나라의 장애인차별금지 및 권리구제 등에 관한 법률안과 독일의 장애인평등법의 비교 연구(2005)
- 독일의 건강장애학생을 위한 환아 학교의 교육 및 수업운영체제에 관한 연구(2005)
- 장애아(인)에 대한 대학생들의 태도에 관한 연구: 부산·경남지역 소재 대학교를 중심으로(2006)
- 우리나라와 독일의 건강장애학생을 위한 병원학교의 운영체제에 관한 비교 연구(2007)
- 특수학교에 재학 중인 장애아동 부모의 통합교육에 관한 인식(2009)
- 특수학급에 재학 중인 장애아 부모들의 통합교육에 대한 인식(2010)
- 한 · 일 다문화 가정 장애자녀의 양육 및 교육에 대한 일본인 어머니들의 인식 및 지원 요구(2012)
- Schulische Inklusion von Schuelern mit Behinderung im Primarbereich der Bundesrepublik Deutschland im Vergleich zu Suedkorea(2013)
- 초등학교 특수학급교사들이 지각(知覺)하는 특수학급교사와 특수학급에 대한 자아상(自我像)(2014)
- 특수학교에 재직 중인 특수교사들이 바라본 일반학교에서의 통합교육과 특수학교교육에 대한 인식(2014)
- 장애아교육학. 개정판(2014)